ALFONSO BERLANGA

LA INICIACIÓN CRISTIANA

BAUTISMO Y CONFIRMACIÓN

EDICIONES UNIVERSIDAD DE NAVARRA, S.A.

PAMPLONA

MANUALES ISCR
INSTITUTO SUPERIOR DE CIENCIAS RELIGIOSAS
UNIVERSIDAD DE NAVARRA

© 2025. Alfonso Berlanga
Ediciones Universidad de Navarra, S.A. (EUNSA)
Campus Universitario • Universidad de Navarra • 31009 Pamplona • España
+34 948 25 68 50 • www.eunsa.es • eunsa@eunsa.es
ISBN: 978-84-313-4032-2 | D. L. NA 957-2025
Diseño cubierta: Pablo Cerezo Marín
Printed in Spain – Impreso en España

Cupón para la Biblioteca Virtual

Accede a la versión eBook de este título por solo **1,99 €**. Con la compra de este libro puedes utilizar el siguiente cupón para la lectura en *streaming** desde la Biblioteca Virtual. **Sigue estas instrucciones** para visualizar tu libro:

1. Dirígete a la web de la Biblioteca Virtual **https://ebooks.eunsa.es/library**.

2. En la web ve a **Iniciar sesión** e introduce tu email y contraseña. Si no estás registrado, deberás completar el proceso en **Registrarse**.

3. Tras registrarte, accede a la página del libro o lee el QR de esta página. Bajo el precio podrás **insertar el código oculto en el siguiente cupón** para activar la promoción.

Despegue para visualizar

Acceso directo al eBook

Canjéalo en ebooks.eunsa.es

*Con acceso a internet desde cualquier navegador.

"El Bautismo nos da el ser y el subsistir según Cristo.

Tomando consigo a los seres sumergidos en corrupción
y muerte
los introduce primeramente en la Vida.

La Unción del crisma perfecciona ese ser que nació en el Bautismo,
dotándole de actividad conveniente a tal vida.

La Divina Eucaristía sostiene y conserva la vida y la salud recibida, pues es
obra del Pan de Vida guardar lo adquirido y hacer que permanezca vivo.

Por este pan vivimos,
por la Unción nos movemos,
después de que en el Bautismo hemos recibido el ser".

Nicolás Cabasilas (c. 1320-c. 1398)

La Vida en Cristo

Colección
MANUALES DEL INSTITUTO SUPERIOR DE CIENCIAS RELIGIOSAS

1. Cada vez más personas se interesan por adquirir una formación filosófica y teológica seria y profunda que enriquezca la propia vida cristiana y ayude a vivir con coherencia la fe. Esta formación es la base para desarrollar un apostolado intenso y una amplia labor de evangelización en la cultura actual. Los intereses y motivaciones para estudiar la doctrina cristiana son variados:

- **Padres y madres** que quieren enriquecer su propia vida cristiana y la de su familia, cuidando la formación cristiana de sus hijos.

- **Catequistas y formadores** que quieren adquirir una buena preparación teológica para transmitirla a otros.

- Futuros **profesores de religión** en la enseñanza escolar.

- **Profesionales** de los más variados ámbitos (comunicación, economía, salud, empresa, educación, etc.) que necesitan una formación adecuada para dar respuesta cristiana a los problemas planteados en su propia vida laboral, social, familiar… o simplemente quienes sienten **la necesidad de mejorar la propia formación** cristiana con unos estudios profundos.

2. Existe una demanda cada vez mayor de material escrito para el estudio de disciplinas teológicas y filosóficas. En muchos casos la necesidad procede de personas que no pueden acudir a clases presenciales, y buscan un método de aprendizaje autónomo, o con la guía de un profesor. Estas personas requieren un material valioso por su contenido doctrinal y que, al mismo tiempo, esté bien preparado desde el punto de vista didáctico (en muchos casos para un estudio personal).

Con el respaldo académico de la Universidad de Navarra, especialmente de sus Facultades Eclesiásticas (Teología, Filosofía y Derecho Canónico), la Facultad de Filosofía y Letras y la Facultad de Educación y Psicología, esta colección de **manuales de estudio** pretende responder a esa necesidad de formación cristiana con alta calidad profesional.

3. Las **características** de esta colección son:

- **Claridad doctrinal**, siguiendo las enseñanzas del Magisterio de la Iglesia católica.

- **Exposición sistemática** y profesional de las materias teológicas, filosóficas (y de otras ciencias).

- **Formato didáctico** tratando de hacer asequible el estudio, muchas veces por cuenta propia, de los contenidos fundamentales de las materias. En esta línea aparecen en los textos algunos elementos didácticos tales como esquemas, introducciones, subrayados, clasificaciones, distinción entre contenidos fundamentales y ampliación, bibliografía adecuada, guía de estudio al final de cada tema, etc.

JOSÉ MANUEL FIDALGO ALAIZ
JOSÉ LUIS PASTOR
Directores de la colección

Formato didáctico

Los manuales tienen un formato didáctico básico para facilitar tanto el eventual estudio del alumno por su cuenta, el autoestudio con preceptor / tutor, o la combinación de clases presenciales con profesor y estudio personal.

Estas características didácticas son:

1. Se ha procurado **simplificar** los contenidos de la materia sin perder la calidad académica de los mismos.

2. Se simplifican los modos de expresión, buscando la claridad y la sencillez, pero sin perder la **terminología teológica**. Nos parece importante, desde un punto de vista formativo, adquirir el uso adecuado de los términos teológicos principales.

3. En el cuerpo del texto aparecen **dos tipos de letra** en función de la relevancia del contenido. Mientras que la letra grande significa contenidos básicos de la materia, la letra pequeña se aplica a un contenido más explicativo de las ideas principales, más particular o más técnico.

4. El texto contiene términos o expresiones en formato **negrita**. Se pretende llamar la atención sobre un concepto clave a la hora del estudio personal.

5. Las enumeraciones y **clasificaciones** aparecen tipográficamente destacadas para facilitar la visualización rápida de los conceptos, su estudio y memorización.

6. Al principio de cada tema, inmediatamente después del título, se incluye una **síntesis** de la idea principal a modo de presentación.

7. En cada tema se presentan varios recursos didácticos:

   • Un **esquema o sumario** de la lección (sirve de guión de estudio y memorización).

   • Un **vocabulario** de palabras y expresiones usadas en el desarrollo del tema. Sirve para enriquecer el propio bagaje de términos académicos y sirve también de autoexamen de la comprensión de los textos.

- Una **guía de estudio**. Se trata de un conjunto de preguntas. El conocimiento de las respuestas garantiza una asimilación válida de los principales contenidos.

- **Textos para comentar**. Pueden dar pie a lecturas formativas o a ejercicios (guiados por un profesor).

8. Se dispone al final de una **bibliografía básica** y sencilla de los principales documentos que pueden servir para ampliar el contenido de la materia.

ABREVIATURAS

AG	Vaticano II, *Ad gentes*
apdo.	apartado
AT/NT	Antiguo y Nuevo Testamento (ed. Biblia de Navarra)
can.	Canon
CCEO	*Codex Canonum Ecclesiarum Orientalium* (1990)
CEI 2010	Carta de la Conferencia Episcopal Italiana, *Annuncio e catechesi per la vita cristiana* (4.IV.2010)
Cfr.	Confrontar
CIC	*Codex Iuris Canonici* (1983)
DS/DH/DZ	H. DENZINGER – A. SCHÖNMETZER, *Enchiridion Symbolorum*, Friburgo-Barcelona 1973
GS	Vaticano II, *Gaudium et spes*
LG	Vaticano II, *Lumen gentium*
MR	Misal Romano (3ª ed.)
n./nn.	número (s)
OE	Decr. *Orientalium ecclesiarum*
OC/RC	Ritual de la Confirmación
OG	Observaciones generales (de los Praenotandos del RICA)
OICA/RICA	Ritual de la Iniciación Cristiana de adultos
OP	Observaciones previas (de los Praenotandos del RICA)
RBN	Ritual del Bautismo de niños
SC	Vaticano II, *Sacrosanctum concilium*
S. Th.	Tomás de Aquino, *Suma teológica*.

INTRODUCCIÓN

Los datos estadísticos oficiales sobre la religión católica se publican cada año[1]. La tendencia de los últimos años es la de un crecimiento global del número de bautizados, que va en paralelo con el aumento de la población mundial: hay más católicos en números absolutos, pero no cambian los porcentajes en números relativos. Si añadimos los datos de los catecúmenos que se incorporan en la Vigilia Pascual en algunas diócesis del mundo[2], se constata el florecimiento de la iniciación cristiana de adultos. La Iglesia universal y cada iglesia particular aguarda expectante a la Noche Santa de Pascua para asistir al "parto" de quienes van a renacer del agua y del espíritu (Jn 3,5) para convertirse en hijos de la luz (Jn 12,36; Ef 5,8; 1 Ts 5,5). Un nacimiento que debe ser preparado y acompañado por toda la comunidad cristiana.

Como ya ocurrió en los primeros siglos, persiste el reto evangelizador de acoger a quienes buscan la fe de la Iglesia o de fortalecer a los que perseveran en ella, de cualquier edad o condición. Continúan vivas aún muchas cuestiones en la pastoral de la Iglesia: ¿cómo preparar la catequesis de niños y adultos?, ¿de qué manera se puede promover la responsabilidad misionera

---

1. Cfr. *Annuarium Statisticum Ecclesiae 2023*. Se registra un crecimiento en el número de católicos con una cifra que supera los 1406 millones en el mundo.
2. Basten estas catas publicadas en las webs oficiales. En la diócesis de Honk Kong (a 31 de agosto de 2024: www.catholic.org.hk) los adultos y niños de más de 7 años fueron 1624, y la cifra de catecúmenos adultos inscritos fue de 2513. En España en 2024 los mayores de 7 años que recibieron el bautismo ascendieron a 11270 (datos de la web de la Conferencia Episcopal). En Francia fue noticia el ascenso del número de bautismos en 2024: para recibir los sacramentos de iniciación estaban inscritos 7135 adultos que, sumados a los adolescentes de Secundaria, superaron los 12000 bautizos (www.eglise.catholique.fr).

en las comunidades cristianas?, ¿en qué orden convendría administrar los sacramentos de iniciación?, ¿cómo reconstruir los canales de transmisión de la fe (familia, parroquia, colegio) para las nuevas generaciones? Estas inquietudes subyacen en este Manual –porque la teología, como actividad eclesial, no puede desentenderse de la vida y del mundo–, pero no se afrontan directamente. Nuestro propósito es presentar el bautismo y la confirmación, entroncándolos con las fuentes de la Escritura y de la Tradición viva de la Iglesia. La pastoral tiene voz en este ámbito, pero quizá se ha caído en soluciones algo precipitadas que requieren clarificación teológica. De hecho, asistimos a una paradoja: ¿cómo es posible que el Magisterio y buena parte de la teología defiendan unos principios acerca del orden, la edad y el ministro de estos sacramentos… y la praxis vaya por otro camino en casi todas las iglesias? Confiamos en que la teología que parte de la liturgia pueda realizar su aportación fructífera.

El **contenido** del Manual está articulado en tres Partes. La **Parte I** recorre la Sagrada Escritura y analiza los textos principales sobre las promesas de salvación (AT, cap. 1) y su cumplimiento en Cristo y en la Iglesia naciente (NT, cap. 2). Este modo de explicar era el que utilizaban los Padres de la Iglesia, receptores de la herencia apostólica e intérpretes de la fe verdadera. La **Parte II** estudia el desarrollo histórico, celebrativo y teológico del bautismo y de la confirmación desde el s. II hasta nuestros días, con especial detenimiento en los primeros siglos (cap. 3), momento clave donde se ponen las bases (ritualidad y catecumenado) de la fe celebrada en la iniciación. La **Parte III** es una exposición sistemática sobre los tres sacramentos de la iniciación: el bautismo como puerta de los sacramentos y la confirmación como la perfección bautismal (cap. 6), en vistas de la Eucaristía, culmen del proceso (cap. 7). Lógicamente hemos tratado del sacramento de la Eucaristía solo como horizonte de la iniciación. En la asignatura específica *De Eucharistia* se abordan las cuestiones clásicas del tratado.

Como ocurre en las demás publicaciones de manuales del ISCR, en cada uno de los temas hay un Anexo final con **Textos** para el comentario, **Vocabulario** y **Preguntas** sobre el contenido. Estas herramientas ayudarán a la comprensión y al estudio. Hay textos con una letra en menor tamaño: corresponden a citas largas o a explicaciones de menor relevancia.

Al final de estas páginas el lector encontrará la **Bibliografía fundamental** que hemos utilizado (Manuales, Fuentes litúrgicas y Magisterio).

• *El concepto de iniciación cristiana*

La iniciación antes que una institución eclesiástica es una **categoría antropológica** universal. La antropología cultural, la etnología o la fenomenología de las religiones se han interesado por esta constante antropológica. Estas ciencias humanas han descubierto momentos de la existencia humana particularmente expresivos, como pasos a una nueva situación del individuo. Así sucede en distintas culturas y tradiciones con la entrada de los jóvenes en la madurez y en la sociedad adulta. También lo vemos en ejemplos de nuestra experiencia cotidiana: personas que entran a formar parte de una forma de vida, ya sea en el ámbito familiar (los esposos), laboral (la profesión), o deportiva (los hinchas).

También la **etimología** viene en nuestra ayuda: **iniciación** procede del sustantivo latino *initium* (principio, inicio) que deriva a su vez del verbo *in-ire* (entrar) y que expresa la idea de introducir a alguien en algún lugar o estado. Algunos autores latinos clásicos empleaban el plural *initia* para designar los sacrificios religiosos o misterios, es decir, un conjunto de ritos por los que alguien era agregado al grupo de los iniciados y se hacía beneficiario de los bienes de salvación que derivaban del ingreso. Con el desarrollo de las religiones mistéricas del periodo helenístico-romano de los siglos IV a.C. a II d.C. (el culto a Mitra, a Cibeles o los cultos mistéricos de Eleusis), sobre todo en Grecia y en su ámbito de influencia cultural, el lenguaje de la iniciación se monopoliza en torno a la idea de **entrar** en un grupo con las siguientes **características**:

- Es un **grupo** previamente formado que posee una **misión**, unas **costumbres** transmitidas, y un **lenguaje** verbal y simbólico.

- Las **tradiciones** son transmitidas normalmente por los mayores, testigos y garantes de la memoria del grupo.

- El grupo está en contacto con un **arquetipo** definido, es decir, con un conjunto de historias, mitos o acontecimientos de tiempos antiguos.

- Para entrar en contacto con el arquetipo necesitan de la **memoria** (anamnesis) a través de un **rito**.

- El simbolismo de los ritos de iniciación expresa la **muerte** y el nuevo **nacimiento** místico a un tipo de vida superior.

- El recién iniciado adquiere **conocimientos** y una **nueva identidad** que se expresa también en la imposición de un nombre: el iniciado sale del rito convertido en 'otro'.

Para expresar esta idea los Padres griegos utilizaron dos términos: *myeo* (iniciar a los misterios) y *teleo* (completar, perfeccionar, iniciar). Sin embargo, al principio, estos términos no se aplicaban jamás a los ritos cristianos del bautismo o de la Eucaristía. Solo cuando las religiones mistéricas perdieron su auge y el mensaje cristiano no podía ser confundido con ellas, los **Padres de la Iglesia asumieron este lenguaje**. En el ámbito griego lo encontramos primero en Clemente de Alejandría (s. II-III) respecto al **bautismo**, y en Orígenes (s. III) quien incluye la **Eucaristía**. Acaba por ser un lenguaje consolidado a partir del s. IV en los Padres Capadocios y en Juan Crisóstomo. Entre los padres latinos destacan Ambrosio y Agustín, quienes lo utilizan en sus obras literarias –no en su predicación– para hablar solo de los **ritos sacramentales**.

Como veremos en la parte histórica, será **L. Duchesne** quien ponga de nuevo en circulación la noción de iniciación cristiana de los Padres en su obra *Los orígenes del culto cristiano* (París, 1889). Con **iniciación** –afirma este autor– se designa ya desde finales del s. II el conjunto de los **tres ritos** (bautismo, crismación y primera comunión), la **preparación** a tales ritos y al **proceso formativo-ritual** completo. El prestigio de Duchesne dio carta de ciudadanía a la expresión "iniciación cristiana" entre los liturgistas, a partir de 1930; los teólogos se suman dos décadas después de la mano de **Louis Bouyer**. Gracias a la obra de este último, la iniciación aparece como **introducción** del hombre en el **misterio** que lo hace capaz de actos de oración, de ofrenda y de comunión, es decir, una **habilitación** para participar activamente en la Eucaristía a través del bautismo y de la confirmación, durante la Vigilia pascual (cfr. *La vie de la liturgie: Une critique constructive du Mouvement liturgique*, Cerf, Paris 1956). El Concilio Vaticano II ha recibido este concepto de iniciación cristiana y lo ha recogido en sus documentos, del que seleccionamos este parágrafo del decreto *Ad gentes*:

> "Liberados luego, por los sacramentos de la iniciación cristiana, del poder de las tinieblas (cfr. Col 1,13), muertos, sepultados y resucitados con Cristo (cfr. Rm 6,4-11; Col 2,12-13; 1P 3,21-22; Mc 16,16), reciben el Espíritu (cfr. 1 Te 3,5-7; Hch 8,14-17) de hijos de adopción y celebran con todo el Pueblo de Dios el memorial de la muerte y resurrección del Señor" (n. 14).

Después de esta presentación podemos apreciar lo **distintivo** de la iniciación cristiana.

- Su especificidad radica en su **finalidad**: hacerse cristianos (que no es un hecho natural) significa **ser injertados en el misterio de Cristo muerto y glorioso** (que no es un mito, sino que tiene raíz en la historia real de la humanidad), cuyas acciones perviven en la eternidad del Verbo Encarnado (*Catecismo*, n. 1085).

- La **Iglesia** no es un grupo social cerrado ni una simple institución, sino un **misterio de la redención** obrada por su Esposo y Cabeza, a la que Ella permanece ligada indisolublemente para siempre. La manifestación de esta iglesia particular se visibiliza en la asamblea litúrgica en torno a su obispo. Ella se sabe enviada a anunciar el evangelio a todas las gentes.

- La Iglesia no **transmite** un conjunto de ideas y creencias, sino un **depósito de fe**, que comprende su doctrina, su vida y su culto, todo cuanto ella es y cuanto cree (cfr. DV, 8). Sus **misterios** son sus **sacramentos** y quienes se inician en ellos se hacen **miembros** de la comunidad local y entran en **comunión** con la Iglesia universal, para ofrecer la memoria cultual del único sacrificio de nuestra redención.

- Es necesaria una iniciación para entrar en esta íntima **relación filial, esponsal y orgánica** para convertirse en hijos del Padre, miembros vivos de Cristo, templos del Espíritu Santo.

     Una lectura atenta de los nn. 1-6 del RICA ayudará a entender más aún las diferencias de la iniciación (de los adultos, en este caso) respecto a otros procesos iniciáticos.

Como recuerda el libro litúrgico vigente para la iniciación cristiana (nn. 1-2):

     "El Ritual de la Iniciación Cristiana, que se describe a continuación, se destina a los adultos, que, al oír el anuncio del misterio de Cristo, y bajo la acción del Espíritu Santo en sus corazones, consciente y libremente buscan al Dios vivo y emprenden el camino de la fe y de la conversión. Por medio de este Ritual se les provee de la ayuda espiritual para su preparación y para la recepción fructuosa de los sacramentos en el momento oportuno".

     "El ritual no presenta solamente la celebración de los sacramentos del Bautismo, la Confirmación y la Eucaristía, sino también todos los ritos del catecumenado, que probado por la más antigua práctica de la Iglesia, corresponde a la actividad misionera de hoy y de tal modo se siente su necesidad en todas partes, que el Concilio Vaticano II mandó restablecerlo y adaptarlo de acuerdo a las costumbres y necesidades de cada lugar".

Nuestro punto de referencia será, por tanto, la iniciación de adultos, tal como se ha celebrado en Occidente y en el rito romano. En ocasiones haremos referencias a la tradición en Oriente, en general, o a algunas de las familias rituales en particular.

* * *

Agradezco el ánimo y el asesoramiento recibido de mis colegas de la Facultad de Teología de la Universidad de Navarra, especialmente de los Prof. Félix María Arocena y José Luis Gutiérrez-Martín (ahora profesor en el *Istituto di Liturgia* de la *Pontifica Università della Santa Croce*, Roma). También es justo reconocer la ayuda de Alberto Portolés, lector insaciable de las primeras pruebas de esta obra y buen conversador. Y, ciertamente, mi agradecimiento a los alumnos de la Facultad durante los cursos académicos 2016-2019: aunque no dispusieron de este texto, fueron los primeros en beneficiarse de su enfoque y de los primeros intentos de poner orden en una cuestión tan preciosa como actual. Sus intervenciones y sus preguntas no han caído en saco roto.

El Autor

29 de junio de 2019

Solemnidad de San Pedro y San Pablo

PARTE I

LA INICIACIÓN CRISTIANA EN LA ESCRITURA

TEMA 1

FIGURAS Y PROMESAS EN EL ANTIGUO TESTAMENTO

El propósito de este tema es conocer los orígenes del rito bautismal enmarcándolos dentro de la historia de la salvación. El bautismo como rito de purificación y de ingreso en la comunidad del nuevo Israel tiene su contexto religioso y cultural en el judaísmo. Los acontecimientos salvíficos del pueblo elegido forman una preparación para la Buena Nueva de Cristo: en esos relatos el agua cobra un gran protagonismo.

SUMARIO

1. HISTORIA DE LA SALVACIÓN: ALIANZA Y FIGURAS BÍBLICAS SOBRE EL BAUTISMO · 2. EL AGUA COMO PRINCIPIO DE VIDA · 3. EL AGUA COMO PRINCIPIO DE DESTRUCCIÓN Y PURIFICACIÓN · 4. OTRAS FIGURAS BÍBLICAS SOBRE LA CONFIRMACIÓN Y LA EUCARISTÍA · 5. LA INICIACIÓN EN ISRAEL.

El argumento religioso de la biblia es una **historia de salvación**. Es el relato de YHWH, un Dios personal, creador y gobernador del mundo, lleno de misericordia que **elige** un pueblo (elección) para establecer con él un **pacto** (alianza) y servirse de él como instrumento para salvar a todas las naciones (misión). Para ello acompaña el caminar de ese pueblo –a veces con intervenciones portentosas–, les envía hombres escogidos –profetas, jueces, reyes y sacerdotes– para que les guíen en su nombre y puedan cumplir la voluntad divina y recibir las **promesas** de YHWH.

- Por respeto a nuestros hermanos judíos, al mencionar el nombre de Dios usaremos el tetragrama o bien la traducción *el Señor*.

Los hombres no siempre fueron fieles a la Alianza; recibieron entonces un castigo medicinal por parte de Dios para purificarlos de sus descaminos. Esto explica la **renovación de la alianza**: con Noé después del Diluvio (Gn 9,1-17); con Abraham (Gn 15,7-20) y renovada con su hijo Isaac (Gn 22,1-19) y Jacob (Gn 28,10-22); después vendrá Moisés, en la Pascua y en el Sinaí tras la liberación de Egipto (Ex 24,1-8); más tarde la alianza con Josué en Siquem (Jos 24,25-28), con el rey David (2 S 7,4-16) y con su hijo Salomón en el Templo (1 R 8,1-13); y la alianza con todo el pueblo después del destierro en Babilonia (Ne 8,1-10.40). Esta alianza prepara la nueva y definitiva a partir del sacrificio de Jesús y del envío del Espíritu en la fiesta de Pentecostés.

Los modos en que se sellan estas alianzas contienen algunos **elementos comunes**.

- La **iniciativa** parte de **Dios** que escoge a un hombre del pueblo y lo constituye su interlocutor inmediato o su mediador.

- El **mediador** propone al pueblo un **cambio de vida**, y le promete **bienes** futuros si se convierten de sus costumbres y dan culto a Dios.

- La ratificación suele materializarse en un **sacrificio** (de comunión, holocausto o de purificación) que establece un pacto estable.

Serán sobre todo los **profetas** durante y después del destierro quienes denuncien la insuficiencia de las alianzas antiguas por parte de los hombres. Ellos mismos anunciarán una restauración radical de Israel mediante una **Nueva Alianza** (Jr 31,31-34; Ez 18,31) y una ampliación de las promesas divinas: Dios reinará directamente sobre su pueblo, enviará al **Mesías** y derramará su **Espíritu** sobre todo el pueblo mesiánico.

En esta historia de salvación, **Dios** ha ido otorgando sus dones y ha animado al pueblo con sus **promesas**. Las tribus salidas de Egipto entienden poco a poco su condición de **pueblo escogido**, se ven liberadas de sus enemigos y esperan la llegada a la tierra que mana leche y miel. Con pedagogía divina les enseña a **confiar** solo en Él y no en sus fuerzas, en medio del desierto; a no ansiar exclusivamente el alimento corporal, que también reciben de Él (el maná); a cultivar la **monolatría** y rechazar el culto a los ídolos…

En el relato del **Éxodo**, en las sucesivas etapas de la **llegada y posesión** de la tierra prometida, y en el **afianzamiento** del reino de Israel en medio de las naciones enemigas, el **agua** tiene un protagonismo especial como elemento de la creación al servicio del plan divino. Sin embargo, cualquier relato donde aparezca agua no puede leerse como figura del bautismo. Los Padres interpretan solo algunos relatos a la luz de la historia de la salvación mediante el recurso a la tipología.

La catequesis de los Padres se articula en torno a **dos ejes**: la **explicación** de los ritos celebrados y su **interpretación** a la luz de la Escritura, con la ayuda de la tipología en el marco de la historia de la salvación. La **tipología** es un método de interpretación donde los hechos pasados del AT nos hablan de los hechos actuales, cuyo cumplimiento se ha dado en Cristo (*Catecismo* n. 128). Hay por tanto **dos realidades** íntimamente conectadas: el evento veterotestamentario (denominado *typos* o figura: prefiguración o primera expresión) y el evento del NT (denominado *antitypon* o realidad).

> San Pablo habla de los eventos salvíficos del AT que "han sucedido como modelos (*typoi*) para nosotros" (1Co 10,6). San Pedro pone el ejemplo del bautismo que es "cumplimiento" del diluvio (cfr. 1Pe 3,21).

Este mismo esquema interpretativo, cuando ya se ha verificado la redención por obra de Cristo, se amplía con un **tercer elemento**: la sombra (AT), la imagen (NT) y la **realidad** (su cumplimiento futuro en la Parusía). Además, la tipología puede dividirse en **dos modelos**: si establece analogías entre acciones de Dios en el AT y su cumplimiento en el NT, se llama **tipología bíblica**. Si lo hace entre los sucesos y promesas del AT y los conecta con los sacramentos de la Iglesia, se denomina **tipología bíblico-sacramental**. Los Padres desarrollan ambas indistintamente.

Los **Padres** de la Iglesia y la **liturgia** desarrollan estas **prefiguraciones** y las proponen como una tradición antigua que autoriza y explica el bautismo. La primera enumeración de las figuras bautismales se la debemos a Tertuliano; y con ligeras variaciones, a Cirilo de Jerusalén. Es tal la coincidencia entre las catequesis de los Padres, que podemos considerarla una enseñanza de los orígenes de la Iglesia. Su número es elevado, vista la presencia del agua en tantas situaciones y vicisitudes; no obstante, es posible individuar dos líneas esenciales de interpretación: el agua como **principio de vida** y como principio de **destrucción** o **purificación**.

El *Catecismo de la Iglesia Católica* recoge las siguientes figuras: las aguas originarias, Noé y el arca, el paso del Mar Rojo y del Jordán (nn. 1218-1222).

2. El agua como principio de vida

Las **aguas primitivas** o primordiales aparecen en las **catequesis patrísticas** más antiguas. El agua es creada al inicio y de ella emergió la tierra. Sobre el agua se cernía el Espíritu de Dios y en ella se producen los seres vivientes (Gn 1,20). También hay corrientes de agua en el Paraíso, donde vive y trabaja el hombre (Gn 2,10-14).

Todos los seres vivos (especialmente el hombre) están animados por un principio vital o aliento (*ruah*) que procede de YHWH: de Él depende, en último término, que todo viva o muera. En la mentalidad hebrea se representa a **Dios soplando y dando la vida** el hombre (Gn 2,7) y a las demás criaturas (Sal 104, 29-30). Por contraste, los ídolos carecen de *ruah*, son inertes (Jr 10,14). Cuando el AT habla del Espíritu de Dios (*Ruah YHWH*) está refiriéndose a la vitalidad de Dios, como a una fuerza interior divina; en el NT sabemos que se trata del Espíritu, una Persona de la Trinidad. La presencia del **Espíritu sobre las aguas** debe leerse con este sentido de **vivificar**. Así lo entiende entre otros Tertuliano cuando comenta la costumbre cristiana de **invocar** el nombre de Dios sobre la fuente bautismal: "(...) todas las aguas, por el hecho de su antigua prerrogativa original [dar vida], se convierten, mediante la invocación de Dios, en el sacramento de santificación" (*De Baptismo*, 2). Esta santificación es una **nueva creación**.

Existe otra figura relacionada con este ambiente sereno del Paraíso y de la que se suele hablar menos: el bautismo y su preparación como **un regreso** a la condición originaria. En efecto, desde la inscripción del nombre en el libro de los catecúmenos hasta el baño bautismal, comienza una **lucha** contra Satanás y un paulatino proceso de liberación de su dominio y de sus tentaciones. El ejemplo de Cristo tentado en el desierto es el evangelio que se lee en el Domingo I de Cuaresma, que coincide con el día para la inscripción del nombre. A partir de ese momento, los exorcismos diarios tienen como fin afianzar al catecúmeno frente a Satanás, que lucha contra Cristo. También en los primeros tiempos, en las catequesis diarias del obispo se explicará la Escritura, partiendo del libro del Génesis. Llegados a la noche del Sábado Santo, el candidato proferirá su **renuncia formal** a Satanás vuelto hacia Occidente, región de las tinieblas y donde el Hades tiene sus puertas:

> "Cuando hayas renunciado a Satán y roto el antiguo pacto con el Hades, entonces se abrirá ante ti el Paraíso de Dios: el mismo que Él plantó en Oriente y de donde fue arrojado nuestro primer padre a causa de su desobediencia. Y tú, para simbolizar esto, te vuelves de Occidente a Oriente, que es la región de la luz" (Cirilo de Jerusalén, *Catequesis* XXXIII, 1073 B)

Hay huellas de esta **simbología** en la decoración de algunos baptisterios que testimonian esta interpretación: en un marco de árboles, flores y fuentes, la figura de Cristo como Buen Pastor rodeado de su rebaño y de algunos ciervos que beben de las aguas que corren (Sal 41) y que, en ocasiones, llevan serpientes en sus bocas. Simbolizan la creencia de que, al comerse a las serpientes sentían una gran sed. Este escenario paradisíaco (el baptisterio) abre sus puertas para que el catecúmeno pueda entrar en él por primera vez; entonces **se despoja** de sus vestiduras –las vestiduras del **hombre viejo**, en la teología de san Pablo– expresando así la liberación del dominio de Satanás y de su condición mortal. Su desnudez recuerda la **inocencia primitiva** y la recuperación de la **confianza filial** en el Señor, perdida con el pecado de Adán y Eva.

3. El agua como principio de destrucción y purificación

a)   La **figura del Diluvio** es la más citada por los Padres. Sus elementos esenciales pueden resumirse así: el **mundo** está bajo el dominio del **pecado**; el **agua** actúa como elemento de **purificación** del juicio de condenación, salvando al justo y haciendo surgir una nueva creación con una **humanidad nueva**. San Pedro así lo expresa explícitamente: "Esto [Noé en el arca con ocho personas que fueron salvadas por medio del agua] era figura del bautismo, que ahora os salva" (1 Pe 3,21). Del mismo modo que fue destruida la humanidad pecadora, en el bautismo se destruye el hombre viejo y sale de la piscina bautismal una nueva criatura. De Noé se dice también que fue "el octavo" (2 Pe 2,5). Con esto no se insiste tanto en el número de personas que subieron al arca, sino en las generaciones de hombres antes del diluvio.

> El simbolismo del número ocho tenía además una connotación precisa para el cristianismo antiguo: es el día de la resurrección de Cristo. Los siete días indican la figura del tiempo del mundo caduco, el ocho la figura de la vida eterna. El cristiano recibe el bautismo durante la Vigilia Pascual, el día octavo por excelencia.

Hay otros **elementos relevantes** en la figura del diluvio. En primer lugar la **paloma** con el ramo de olivo que, como símbolo de la paz, era conocida en la cultura greco-latina, aunque no tanto en el judaísmo. Su significado bautismal es profundo y, según Tertuliano, es el **Espíritu Santo** que desciende a la tierra (nuestra carne) y trae consigo la reconciliación de lo alto, una vez lavados los pecados (*De Baptismo*, 8). Otro elemento es **la madera del arca** que Cirilo de Jerusalén interpreta como símbolo de la madera de la **cruz** de Cristo: fueron salvados por el agua y la madera, ahora lo somos por el bautismo y el sacrificio del Redentor (*Catequesis* XXXIII, 982 A). No obstante, el significado más común para **el arca es la Iglesia** (así en Ireneo de Lyon y en Jerónimo), fuera de la cual no es posible la salvación.

La dimensión eclesial y el poder destructor-vivificante del agua y del Espíritu han quedado suficientemente resaltados. Ahora quedaría pendiente la referencia a Cristo, de la que nos ocuparemos al analizar su bautismo en el Jordán.

b)   La segunda figura bautismal citada en la lista de Tertuliano es **el paso del Mar Rojo**. Aunque el tema central es similar al del Diluvio, el contexto bíblico es diferente: en el Éxodo encontramos otros elementos: la **liberación** de la servidumbre, la **identidad** como pueblo y el **rito memorial** perpetuo para Israel por la salida de Egipto. El paso del mar supone la victoria sobre el enemigo personificado en el faraón, en la idolatría egipcia o en Rahab, el monstruo mitológico del mar (Is 51,9).

En el judaísmo la iniciación de los prosélitos (apdo. 5) incluía un baño que buscaba hacer partícipe al prosélito de la ayuda divina recibida por el pueblo en el paso del Mar Rojo. El uso de esta imagen para el bautismo cristiano supone que el **bautismo** es primero **liberación y creación**, y en un segundo momento, **purificación**:

> "Cuanto acaeció a Israel en el Éxodo está en relación con los que se salvan por el bautismo. El mar es figura del bautismo, ya que libra del Faraón, igual que el bautismo libra de la tiranía del diablo. El mar mató al enemigo: así en el bautismo es destruida nuestra enemistad con Dios. El pueblo salió del mar sano y salvo: nosotros salimos también del agua como vivos de entre los muertos" (San Basilio (s. IV), *De Spiritu Sancto*, 14).

Se insinúa además en la última frase la comparación con la resurrección de Cristo, tema interesante sobre el que volveremos. Concluyendo: así como el paso del mar fue necesario para Israel, también quien quiera **librarse** de la tiranía del demonio ha de **pasar por el agua**. El paso por la piscina bautismal materializa esta prefiguración.

Pero hay además otros dos episodios menores relacionados con el paso del mar: el primero, la **columna de nube** que acompañaba al pueblo visibilizando la presencia de Dios en medio de ellos. En el NT una nube cubrió con su sombra a María en la **Anunciación**, y de la nube hablan también los episodios de la **Transfiguración** y la **Ascensión** que muestran a ojos de los apóstoles la divinidad de Jesús. Incluso el Prólogo del evangelio de Juan resalta, con su lenguaje propio, que la **morada Dios** se hace recaer sobre la **humanidad de Jesucristo** (Jn 1,14).

> "El Verbo se hizo carne y habitó entre nosotros". *Habitó* significa: plantó su tienda (en griego: *skenóo*), como lo hiciera YHWH en medio de su pueblo en el desierto. El término griego comparte además los fonemas de otra expresión hebrea cargada de significado: Shekinah, es decir, presencia de la gloria de Dios. El evangelista Juan parece haber buscado este fuerte paralelismo entre la carne asumida por el Verbo, la morada de YHWH en el desierto y la presencia de la gloria de YHWH en su Templo de Jerusalén.

Probablemente es **Orígenes** el primero en dar una interpretación de la **nube** como símbolo del **Espíritu Santo**, y Ambrosio le sigue en este punto (*De Mysteriis* 13). Como sabemos por el relato del Éxodo, por la noche la nube dejaba paso a la **columna de luz**, el segundo episodio. En ella algunos padres han visto una figura del **Verbo encarnado**, que es luz del mundo (Jn 8,12).

c)   Otros acontecimientos decisivos para Israel tuvieron lugar en las inmediaciones del río Jordán. Aquí el agua lava y purifica, mientras que en el Mar Rojo destruye y crea. **Atravesar el Jordán** era un gesto de enorme trascendencia. Según una antigua creencia que se remonta al libro de Job e incluso antes, los abismos de las aguas eran la morada de potencias diabólicas; en el Jordán habitaba el dragón Behemoth que recibía el Jordán en sus fauces (Cirilo de Jerusalén, *Catequesis* XXXIII, 441 A). Por eso Jesús descendió a sus aguas para aplastar su cabeza con su bautismo.

Este paso era además **otro reto** para asegurar que el pueblo continuaba confiando en Dios y en sus enviados antes de entrar en la tierra prometida. Israel lo cruza por mandato de **Josué** –figura de Cristo (Cirilo de Jerusalén, *Catequesis* X,11)– y vuelven a repetirse los hechos portentosos (Jos 3,14ss.) que le confirman como nuevo guía después de la muerte de Moisés.

También **Elías** cruza el Jordán –como nuevo Moisés– haciéndose así idóneo para su posterior ascensión a los cielos en un carro (2 Re 2,6ss.). De algún modo este episodio repite el paso del Mar Rojo; pero su ascensión queda sin explicar a menos que miremos la vida de Cristo y pongamos en contacto al recién bautizado –como hace san Ambrosio (*De Mysteriis*, 35-36)– con el misterio de las Ascensión de Jesús. También el nuevo cristiano se hace capaz de subir al cielo.

El último episodio relacionado con el ciclo del Jordán y que tiene un gran número de citaciones entre los Padres es la **purificación de Naamán**, el sirio. Por orden de Eliseo, profeta en Israel del Dios verdadero, este jefe militar se baña siete veces en el Jordán para curar su enfermedad. Los comentarios patrísticos al respecto insisten en su condición de **extranjero** (universalidad del bautismo), en el **número** de los baños (alusión velada al Espíritu Santo), en el **mismo lugar** donde se bautizará Cristo (institución del bautismo) y en el **efecto sanador** que le deja la carne de un niño (efecto purificador y el volver a nacer) (Cfr. Danielou, 161ss).

4. Otras figuras bíblicas sobre la confirmación y la Eucaristía

En el caso del sacramento de la **confirmación** no conocemos figuras bíblicas en el sentido que venimos considerando. El AT más bien presenta las promesas de algunos profetas de que **el Espíritu del Señor descendería sobre el Mesías** (Is 11,2) y **sobre el pueblo mesiánico** (Jl 3,1-2). Su cumplimiento, tal como afirma el *Catecismo* (nn. 1286-1287), se verificó en el Bautismo de Jesús, el Ungido, y en Pentecostés sobre los apóstoles con María, nuevo pueblo de Dios.

Nos centramos ahora en las **promesas** de las que ya hemos hablado. El NT confiesa, con claridad, que **Jesús** de Nazaret es el Mesías, el **Hijo de Dios** (Mc 1,1), **lleno del Espíritu** (Lc 4,14). Con toda su autoridad divina, Jesús mismo acepta ese nombre –Cristo– ante Pilato (Mt 27,12). Al inicio de su vida pública, en la sinagoga de Nazaret, se había aplicado la profecía de Isaías (11,1) que describe la efusión de Espíritu sobre el futuro Mesías (Lc 4,18). También el discurso de Pedro en Pentecostés (cfr. cap. 2) emplea el esquema de **profecía-cumplimiento en Jesús** aplicándole dos salmos mesiánicos (Sal 2,1; 109,1).

Hay otros vestigios en el AT relacionados con el gesto de la **unción** y las funciones de **consagración de reyes y sacerdotes** que asumía el ungido. Los profetas anunciaron que tanto el Rey davídico como el Sumo Sacerdote eran simples figuras del Mesías (Ambrosio, *De Mysteriis*, 29-30). El rey Salomón y el Sumo Sacerdote Aarón fueron ungidos después de haber sido lavados; pero su unción fue hecha por mano de hombres (el sacerdote Sadoc y Moisés, respectivamente); pero en el caso de **Jesús**, "**lo ungió** [el Padre] **con el Espíritu Santo**" (Cirilo de Jerusalén, *Catequesis* XXXIII, 1089

A). De estas unciones **participa** el cristiano cuando recibe el sacramento de la confirmación.

Los teólogos han tomado pie de que el **Mesías** será **sacerdote** como Melquisedec, **rey** como David y **profeta** como Moisés, para profundizar en el dato bíblico y así suelen ver la unción de Cristo en tres momentos: en la Encarnación, realizada por obra del Espíritu Santo (Lc 1,35), en el bautismo, donde quedó lleno del Espíritu (Lc 3,22), y tras la resurrección, donde se le concedió "el reino, el poder y la gloria" (cfr. Mt 28,18; Hch 2,36; Hb 1,3-4). Lógicamente, en cuanto que Jesús es el Hijo, se encuentra unido al Espíritu desde la eternidad (cfr. Jn 5,26), pero en **tres momentos**, recibe la **unción** en cuanto hombre, que lo **transforma en Mesías**. Como trataremos del bautismo de Jesús en el capítulo siguiente, expliquemos brevemente la unción del resucitado y su acción sobre los discípulos.

Durante su vida pública, Jesús invita a **pedir el don del Espíritu Santo** (Lc 11,13), describe su acción eficaz para entender y recordar su mensaje aún en medio de las persecuciones (Mt 10, 17-20) y lo promete a sus discípulos para la misión que les va a encomendar (Lc 24,49; Hch 1,4-5.8). El Bautista había presentado a Jesús como quien **bautiza con el Espíritu Santo** (Lc 3,16) y después Jesús lo promete y lo dona a los Once con el soplo de su boca (Jn 20,22-23) y enviado en Pentecostés. El evangelio de Juan pone en labios de Jesús una descripción de cómo será su acción en ellos y en aquellos que vendrán: estará siempre con ellos, les recordará todas las enseñanzas, dará testimonio de Él [de Jesús], les explicará la verdad completa... (cfr. Jn 14-16). El **Espíritu** es la **promesa del Padre**, la nueva Ley grabada en los corazones, realidad interior del Reino de Dios en el hombre y principio de comunión de la Iglesia, nuevo Pueblo de Dios. Así se lleva a plenitud la antigua alianza y la historia de la salvación se concreta en la misión de Cristo que la Iglesia continua, con la compañía del Espíritu. Ya tenemos la unción mesiánica y pentecostal.

Con la **Eucaristía** la exposición es más compleja, pues hay prefiguraciones del sacrificio de Cristo en la figura de **Abel** (que ofrecía las primicias del ganado), de **Isaac** (el hijo de la promesa que Abraham está dispuesto a ofrecer y que es sustituido por un cordero) y especialmente de **Melquisedec** (rey de Salem, sumo sacerdote sin genealogía, que ofreció pan y vino). Este último personaje forma parte de la catequesis común de los Padres, y por eso es importante detenernos en él.

Anterior a Abraham, **Melquisedec** es considerado como figura esencial de la Eucaristía, entre otros, por san Ambrosio (*De sacramentis* V,1.10). En efecto, su **sacerdocio** es **universal** (no depende de una tribu, como la de los descendientes de Aarón), su sacrificio puede ofrecerse en cualquier lugar (no solo en el Templo) y tiene mayor **semejanza** con el que ofreció **Cristo** (pan y vino). Cuando el NT, especialmente la *Carta a los Hebreos* (7,10), relaciona a Melquisedec con Cristo Sacerdote está expresando el carácter universal de su sacrificio que asume todos los sacrificios de todas las religiones.

De acuerdo con el libro del Éxodo, el **sacrificio de Israel** asume además el significado de **hacer memoria** de la salida apresurada de Egipto. La materialidad del sacrificio es evocadora: no solo el cordero, cuya sangre libró a los primogénitos de los judíos, sino también los panes ácimos y las hierbas amargas…

En el Tratado sobre la Eucaristía se estudian otras figuras. Aquí solo nos detenemos en **el maná**, que es tomada como figura principal por una buena parte de los Padres:

> La tradición alejandrina (desde Clemente a Orígenes) interpreta el maná como figura de la palabra de Dios; la interpretación eucarística toma pie de Jn 6,31-33 y es frecuente en las catequesis, de la que nosotros comentamos solo un detalle sobre los signos del pan y del vino, y no entramos en el contenido del sacrificio de la nueva Alianza, inimaginable para la mente judía.

La analogía del maná y la Eucaristía no reside tanto en el elemento material (que es bien distinto, aunque se trate de alimentos), sino en las condiciones en que se reciben ambos alimentos y en los efectos que los acompañan. Recordemos que el maná es un **auxilio** que solo concede Dios y que los judíos no podían procurarse. Al mismo tiempo, se trata de un **alimento cotidiano** que disponía al pueblo a confiar en Dios cada nueva jornada: **saciaban su hambre y renovaban su fe**.

> La palabra maná en el Antiguo Testamento se refiere al pan celeste que el Señor da como alimento. También es interpretado con un sentido espiritual: alimento para comprender que no sólo de pan vive el hombre (cfr. Dt 8,2-3), y que se identifica con la Palabra de Dios, alimento de una vida superior (cfr. Sb 16,20). La lectura eucarística (cfr. Jn 6) fue realizada por Cristo en el discurso de Cafarnaún [Rico Pavés, 57-58].

5. La iniciación en Israel

El bautismo como **rito de purificación y de ingreso** en la comunidad del nuevo Israel tiene su contexto religioso y cultural en el **judaísmo**. Por eso los sacramentos cristianos resultan incomprensibles sin considerar las instituciones y el culto de Israel. Dios fue estableciendo sucesivas alianzas con los hombres (Noé, Abraham, Moisés) hasta la definitiva y eterna que selló el sacrificio de Cristo. Gracias a la **pedagogía divina**, el pueblo judío va comprendiendo su **identidad** (propiedad de Dios) y aprendió a ordenar su culto y su vida personal y social en torno a YHWH. Los ritos de purificación y de incorporación al Pueblo Elegido se entienden dentro de este marco de la **alianza** que exige la **monolatría** (Dt 20,2-5) y la **santidad** (Lv 11,44; 21,3).

En el judaísmo encontramos **tres ritos** que expresan esta idea: las purificaciones legales, la circuncisión y el bautismo de los esenios.

a) *Las purificaciones legales*

En el Levítico encontramos un elenco de prescripciones sobre algunas abluciones rituales del cuerpo, de los vestidos y de otros objetos, con el fin de recuperar la pureza perdida a causa del pecado o del contacto con realidades impuras. A través de ellas los judíos podían incorporarse a la comunidad y participar en el culto de YHWH, que es Santo.

Con el tiempo estas prácticas desembocaron en un **legalismo excesivo**, que los profetas criticaron duramente (Is 1, 15-16) y que animaron a superar, con la ayuda de Dios: se trataba de una **purificación** del **corazón** y de las **obras**, consistente más bien en un **don de Dios** que en una conquista de las acciones humanas (Ez 36,23-27). En tiempos de Jesús la casuística de los rabinos cristalizó en situaciones desconcertantes, que él mismo rechazó (Mt 15, 1-2; Mc 7, 1-5).

b) *La circuncisión*

Los varones nacidos de madre judía recibían la circuncisión y el nombre al octavo día de nacer. El origen de esta práctica no parece ser religiosa, sino cultural (higiénica o de paso a la madurez) y puede situarse en Egipto. Este gesto pierde pronto este carácter y adquiere un **significado histórico-salvífico de pertenencia a Dios**, cuya institución la Escritura sitúa en Abraham (Gn 17,9-14). El Levítico prescribe que este rito se cumpla en el día octavo (Lv 12,3). Es un rito que expresa en su misma materialidad el carácter irrevocable de la alianza y su ratificación mediante el derramamiento de sangre. En el NT será sobre todo **san Pablo** quien atribuya al **bautismo** cristiano las propiedades de la circuncisión de Israel: una **circuncisión espiritual-interior del corazón** (Rm 2,28-29), no realizada por hombre (Col 2,11).

La circuncisión era también **exigida** a los esclavos o extranjeros que querían ser recibidos en la comunidad de Israel. Éstos emprendían un **proceso de iniciación** por el que abandonaban su condición de paganos o gentiles para aceptar la fe judía y la observancia de las leyes civiles y religiosas (Nm 15,15; Lv 17,8-15). Para asegurar la rectitud de quienes pretendían incorporarse existía un camino de conversión y de purificación llamado **bautismo de los prosélitos**, que comprendía un examen ante un tribunal de tres testigos, un tiempo de instrucción y los ritos de admisión (circuncisión, baño y ofrenda de un sacrificio). Era un bautismo no repetible, en el que el mismo candidato se sumergía en el agua a la vista de varios testigos.

c) *El bautismo de los esenios*

Los esenios eran un grupo de mayor observancia dentro del judaísmo y que desarrolló una vida en comunidad (comunidad del Qumrán) a orillas del Mar Muerto. Se consideraban a sí mismos el verdadero Israel. Para ser iniciados, el primer paso era la conversión, un cambio de vida y el alejamiento de Jerusalén y de otras ciudades "pervertidas" para ingresar en la comunidad del desierto. Durante un año, bajo la tutela de un responsable, el candidato era sometido a prueba para ver su idoneidad. Una vez admitido, recibía más instrucción durante dos años y practicaba abluciones diarias; a su término se le volvía a examinar para su ingreso definitivo. Como otros grupos, los esenios anhelaban la llegada del Mesías que purificaría a los elegidos. Sus baños no expresaban tanto la conversión y el perdón, cuanto la **fidelidad a Dios** durante esa espera vigilante.

Ejercicio 1. Vocabulario

Identifica el significado de las siguientes palabras y expresiones usadas:

- historia de la salvación
- comunidad de los esenios
- maná
- *shekinah*
- *ruah* (aliento)

Ejercicio 2. Guía de estudio

Contesta a las siguientes preguntas:

1. Elementos comunes para ratificar una alianza con YHWH.
2. Enumera las principales figuras del agua que destruye y purifica.
3. ¿Qué precedentes rituales o conceptuales del bautismo encontramos en la iniciación en Israel?
4. La circuncisión y su sentido histórico-salvífico.

Ejercicio 3. Comentario de texto

Misal Romano, Bendición del agua durante la Vigilia pascual.

Después de la liturgia de la luz, toda la atención de la asamblea se dirige a los que van a renacer del agua y del Espíritu. Esta oración expresa bien cómo la Iglesia manifiesta su fe en el Dios que salva a través del agua.

"Oh Dios, que realizas en tus sacramentos obras admirables con tu poder invisible, y de diversos modos te has servido de tu criatura, el agua, para significar la gracia del bautismo. Oh Dios, cuyo Espíritu, en los orígenes del mundo, se cernía sobre las aguas, para que ya desde entonces concibieran el poder de santificar. Oh Dios, que incluso en las aguas torrenciales del diluvio prefiguraste el nuevo nacimiento, de modo que una misma agua, misteriosamente, pusiera fin al pecado y diera origen a la santidad. Oh Dios que hiciste pasar a pie enjuto por el mar Rojo a los hijos de Abrahán, para que el pueblo liberado de la esclavitud del Faraón fuera imagen de la familia de los bautizados. Oh Dios, cuyo Hijo, al ser bautizado por Juan en el agua del Jordán, fue ungido por el Espíritu Santo; colgado en la cruz vertió de su costado agua, junto con la sangre; y después de su resurrección mandó a sus apóstoles: "Id y haced discípulos de todos los pueblos, bautizándolos en el nombre del Padre, y del Hijo, y del Espíritu Santo", mira el rostro de tu Iglesia y dígnate abrir para ella la fuente del Bautismo:

Que esta agua reciba, por el Espíritu Santo, la gracia de tu Unigénito, para que el hombre, creado a tu imagen, lavado, por el sacramento del bautismo, de todas las manchas de su vieja condición, renazca como niño, a nueva vida por el agua y el Espíritu.

Te pedimos, Señor, que el poder del Espíritu Santo, por tu Hijo, descienda hasta el fondo de esta fuente, para que todos los sepultados con Cristo en su muerte, por el bautismo, resuciten a la vida con él. Que vive y reina contigo."

TEMA 2

EL TESTIMONIO DEL NUEVO TESTAMENTO

El dato bíblico es claro: Juan, con su palabra y su actividad bautismal, era el precursor que disponía al pueblo para recibir al Mesías. En el Jordán, lugar emblemático del que hemos hablado, comienza la vida pública de Cristo. El libro de los Hechos, la incipiente teología de las Cartas de san Pablo y la catequesis de Pedro y Juan constituyen una referencia obligada para entender la praxis de la iglesia apostólica.

1. El bautismo de Juan

Entre el s. II a.C. y el s. IV d.C. tuvo lugar una fuerte difusión del **movimiento bautista** en Medio Oriente, sobre todo en la región del Jordán. En este movimiento sobresale Juan Bautista: su mensaje y su género de vida, junto a la peculiaridad de su rito bautismal impresionaron a la sociedad de su época.

Los textos del NT relacionan el bautismo de Juan y el de Jesús; una relación de **continuidad**, pero de superación del de Jesús respecto al de Juan (Mt 3,11; Mc 1,8; Lc 3,16; Jn 1,33). El bautismo de **Juan** tenía una fuerte carga **escatológica**, pues anunciaba la llegada de los tiempos mesiánicos, de un bautismo con Espíritu Santo y fuego (Mt 3,11; Lc 3,16), y la inminente llegada del Reino de Dios y de su juicio (Mt 3,2.10).

A partir de los relatos del bautismo de Juan (Mt 3,5-18; Mc 1,4-11; Lc 3,3-18; Jn 1,19-28) podemos destacar sus **aspectos más novedosos** respecto a otros bautismos:

a. **Juan** era quien **bautizaba**: aunque es posible que el mismo sujeto se sumergiera en las aguas, era el Bautista quien derramaba agua sobre su cabeza, actuando así de ministro. Además, se presentaba como un bautismo querido por Dios, porque la **misión** de Juan era **divina**, él era "un hombre enviado por Dios" (Jn 1,6) y su bautismo procedía del cielo (Mt 21,25-26).

b. Su **bautismo** iba **ligado a su predicación profética**: una llamada a la conversión radical de vida y de costumbres y como ayuda para la penitencia. Era un bautismo "con vistas al **perdón de los pecados**" (Mc 1,4) que podemos interpretar no tanto como efecto (conversión) sino como su preparación mediante la **penitencia**: "al ser bautizados confesaban sus pecados" (Mc 1,5; Mt 3,6).

c. Es un **bautismo que introduce en una comunidad**: aunque no consta que Juan no quisiera fundar una comunidad, su rito puede considerarse como iniciación a la **comunidad de los penitentes** que se preparan a la llegada del juicio de Dios. Sin embargo, los destinatarios son todas las personas, en contraste con el elitismo de los esenios.

La **provisionalidad** del bautismo de Juan también fue declarada por el mismo Jesús (Hch 1,5; 11,16) y por la **referencia a** su persona y al **don del Espíritu** que comporta.

Ahondemos ahora en el bautismo que Jesús recibe en el Jordán de manos del Bautista, y el modo en que este episodio tan singular conecta con la praxis del bautismo cristiano en la comunidad apostólica (apdo. 3)

2. El bautismo de Jesús, el Ungido

Los **Padres** y la **teología posterior** han enfocado de **modo diverso** el hecho insólito del bautismo de Jesús en el Jordán. Los cuatro **evangelios** recogen el episodio con **acentos distintos**, pero con un núcleo cristológico: quién es Jesús y cuál es su misión. Veamos la cuádruple narración:

Mt 3,13-17
Entonces vino Jesús al Jordán desde Galilea, para ser bautizado por Juan. Pero éste se resistía diciendo: –Soy yo quien necesita ser bautizado por ti, ¿y vienes tú a mí? Jesús le respondió: –Déjame ahora, así es como debemos cumplir nosotros toda justicia. Entonces Juan se lo permitió. Inmediatamente después de ser bautizado, Jesús salió del agua; y entonces se le abrieron los cielos, y vio al Espíritu de Dios que descendía en forma de paloma y venía sobre él. Y una voz desde los cielos dijo: –Éste es mi Hijo, el amado, en quien me he complacido.

Mc 1,9-11
Y sucedió que en aquellos días vino Jesús desde Nazaret de Galilea, y fue bautizado por Juan en el Jordán. Y nada más salir del agua vio los cielos abiertos y al Espíritu que, en forma de paloma, descendía sobre él; y se oyó una voz desde los cielos: –Tú eres mi Hijo, el amado, en ti me he complacido.

Lc 3,21-22
Se estaba bautizando todo el pueblo. Y cuando Jesús fue bautizado, mientras estaba en oración, se abrió el cielo y bajó el Espíritu Santo sobre él en forma corporal, como una paloma. Y se oyó una voz que venía del cielo: –Tú eres mi Hijo, el Amado, en ti me he complacido

Jn 1,29-34
Al día siguiente vio a Jesús venir hacia él y dijo: –Éste es el Cordero de Dios que quita el pecado del mundo. Éste es de quien yo dije: "Después de mí viene un hombre que ha sido antepuesto a mí, porque existía antes que yo". Yo no le conocía, pero he venido a bautizar en agua para que él sea manifestado a Israel. Y Juan dio testimonio diciendo: –He visto el Espíritu que bajaba del cielo como una paloma y permanecía sobre él. Yo no le conocía, pero el que me envió a bautizar en agua me dijo: "Sobre el que veas que desciende el Espíritu y permanece sobre él, ése es quien bautiza en el Espíritu Santo". Y yo he visto y he dado testimonio de que éste es el Hijo de Dios.

• Es una **escena con tres momentos**: Jesús se dirige al Jordán para recibir el bautismo de Juan como sus coetáneos (solidaridad de Jesús); al salir del agua, se abren los cielos y desciende el Espíritu Santo sobre Él; resuenan entonces unas palabras declarativas.

- Jesús se traslada desde Galilea (Mt), desde su ciudad de Nazaret (Mc), con una **intención determinada**: recibir de Juan un bautismo de penitencia y de preparación, tal como le había sido ordenado por Dios al Bautista. Jesús también se mueve dentro de la **voluntad del Padre** y, pese a la resistencia inicial, ordena a Juan que se cumpla "toda justicia", es decir, todo lo establecido por Dios (Mt).

En general **Mateo**, al dirigir su evangelio a una comunidad cristiana procedente del judaísmo, procura subrayar que **en Jesús se cumplen las profecías** sobre su nacimiento, su condición mesiánica y el plan de salvación de Dios (toda justicia), pero también se cuida de declarar la superioridad de Jesús sobre Juan en un diálogo inicial que solo recoge él.

Lucas destaca aún más la **solidaridad de Jesús con los pecadores**, pues "se estaba bautizando todo el pueblo". Es una solidaridad profunda y lo expresa el evangelista Juan con este título: "Éste es el Cordero de Dios que quita el pecado del mundo". El **cordero** evoca el **sacrificio** y la **expiación** de los pecados, la figura del Siervo de YHWH.

> El Siervo de YHWH es un personaje misterioso, al que Isaías dedica unos poemas: el siervo doliente y amado de Dios que expía los pecados del pueblo y de todas la naciones (Is 42, 1-25; 49,1ss; 50, 4ss.).

- **No hay indicaciones sobre el baño**: Jesús ha entrado en el río como uno más y ha salido. Lucas, como hace otras veces en su evangelio, presenta a Jesús orando. La salida, la apertura de los cielos y el descenso del Espíritu están concatenados: los "cielos abiertos" designan una especial revelación de Dios (Ez 1,1; Is 63,19), una apertura de comunicación. El **Espíritu** desciende con **forma corporal** como de paloma, haciéndose visible y evocando el Espíritu que aletea sobre las aguas (Gn 1,2) y la paloma después del Diluvio (Gn 8,11): la **nueva creación** y la **salvación** se vuelven a presentar en esta nueva etapa con la unción y la misión de Cristo. Del Espíritu se dice que "permanece" sobre Jesús (Jn), indicando de este modo una presencia habitual, que le empujará poco después al desierto (Mt 4,1), a reconocer en sí la profecía de Isaías en la sinagoga de Nazaret (Lc 4,16) y a enseñar con autoridad y expulsando a los demonios (Lc 4,31-37).

- Las **palabras procedentes del cielo** conectan de nuevo a Jesús con el Siervo de YHWH. Cristo es el **Hijo predilecto**, cuya misión –por más que presente dificultades y sufrimiento– el Padre desea. En Cristo se cumplen las profecías mesiánicas (Is 42,1) y las figuras del sacerdote, del rey y del profeta: Sumo Sacerdote como Melquisedec con un sacrificio definitivo, Rey del Reino de Dios que no termina, Profeta que, por ser Hijo, ve a Dios cara a cara y supera al mismo Moisés. Estamos delante de una verdadera **teofanía**, una manifestación de la Trinidad.

Algunos Padres de la Iglesia quisieron ver en el bautismo de Jesús el **prototipo** del bautismo cristiano, pero la comprensión de los textos en Occidente no va en esa dirección. El paso del bautismo de Jesús al bautismo del cristiano se apoya, más bien, en el **mandato bautismal** de Jesús antes de la Ascensión, y en su pasión, muerte y glorificación. Lo recuerda el *Catecismo*:

> "En su Pascua, Cristo abrió a todos los hombres las fuentes del Bautismo. En efecto, había hablado ya de su pasión que iba a sufrir en Jerusalén como de un "Bautismo" con que debía ser bautizado (*Mc* 10,38; cf *Lc* 12,50). La sangre y el agua que brotaron del costado traspasado de Jesús crucificado (cf. *Jn* 19,34) son figuras del Bautismo y de la Eucaristía, sacramentos de la vida nueva (cf *1 Jn* 5,6-8): desde entonces, es posible "nacer del agua y del Espíritu" para entrar en el Reino de Dios (*Jn* 3,5)" (n. 1225).

3. El bautismo en la praxis de la Iglesia apostólica

En los nn. 1226 y 1227 del *Catecismo* se señalan los textos fundamentales sobre la práctica de la iniciación en la Iglesia apostólica, después de la Ascensión. Conectan además con equilibrio los dos polos de la incipiente teología paulina: el bautismo y el don del Espíritu.

3.1. Los Hechos de los apóstoles

Al final de los **evangelios** de Mateo y Marcos se encuentra el **mandato bautismal** de Jesús a los apóstoles:

> "Id, pues, y haced discípulos a todos los pueblos, bautizándolos en el nombre del Padre y del Hijo y del Espíritu Santo; y enseñándoles a guardar todo cuanto os he mandado. Y sabed que yo estoy con vosotros todos los días hasta el fin del mundo" (*Mt* 28,19-20).

> "Y les dijo: –Id al mundo entero y predicad el Evangelio a toda criatura. El que crea y sea bautizado se salvará; pero el que no crea se condenará" (*Mc* 16,15-16).

Con un tono solemne los envía a una **misión universal** (todos los pueblos, toda criatura) que comprende la enseñanza evangélica, la adhesión de fe y el bautismo, con la invocación de Dios Trino. No se indican otras acciones rituales; consiste en **bautizar**, es decir, un baño de inmersión en agua. La **invocación del nombre de Dios** subraya con fuerza la presencia operativa de las Personas Divinas y la orientación del bautismo, es decir, la unión con el Padre, el Hijo y el Espíritu Santo. También el final del evangelio de **Lucas** (Lc 24,46ss.) alude **implícitamente** a la misión de los apóstoles. Jesucristo les reconoce como testigos de su muerte y resurrección, al tiempo que les anima a esperar la fuerza de lo alto.

Casi al inicio del libro de los **Hechos de los apóstoles**, Lucas repite esta idéntica promesa que se verificaría días más tarde (Hch 1,4-5.8), en la fiesta de Pentecostés: un **bautismo superior** al de Juan y que **dona el Espíritu Santo**.

Después de los portentos acaecidos en el Cenáculo (viento impetuoso, lenguas de fuego…), Pedro dirige un discurso kerygmático a los judíos presentes en Jerusalén. La fiesta del calendario judío tenía lugar siete semanas después de la Pascua para recordar la Alianza del Sinaí. Dios los había sacado de Egipto con su brazo poderoso y la sabiduría divina los organizaba como pueblo peculiar. El paralelismo es evocador: la **Pascua** se relaciona con la **muerte y resurrección** de Cristo –liberación–, **Pentecostés** con la **constitución** del nuevo Pueblo de Dios, **la Iglesia**. En el Sinaí dio la Ley, aquí ha dado al Espíritu Santo.

Vienen a continuación las palabras de Pedro que explican el hecho que acaban de presenciar los judíos venidos para la fiesta: se están **cumpliendo las promesas** de Joel (3,1) sobre la **llegada del Espíritu**, las señales en el cielo y en la tierra y el don de profecía. Y presenta a continuación la vida de Jesús de Nazareth y sus últimos días, aplicándole varios textos mesiánicos en los que se inserta el hecho aparentemente inexplicable del padecimiento del Mesías, pero que había profetizado Isaías con los Cantos del Siervo de Yahvéh (Is 42,1; 50,6; 52,13-14), y por cuyo sacrificio serían salvados los judíos y los que están lejos (Is 49, 6; 52,15; 57,19). A este **Mesías doliente**, Dios Padre lo **resucitó** (Hch 2,31-32). Éstas son las expresiones más claras de esos textos:

- El salmo 16: "no dejarás a tu amigo ver la fosa".

- La profecía de Natán (2 Sam 7,12-13) sobre el trono eterno: "Cuando hayas completado los días de tu vida y descanses con tus padres, suscitaré después de ti un linaje salido de tus entrañas y consolidaré su reino. Él edificará una casa en honor de mi nombre y yo mantendré el trono de su realeza para siempre".

- El salmo 110: "Siéntate a mi derecha hasta que ponga a tus enemigos como escabel de tus pies".

- Ezequiel 36,27 y su promesa del Espíritu sobre el pueblo; en Hch 2, 33: "Exaltado, pues, a la diestra de Dios, y recibida del Padre la promesa del Espíritu Santo, ha derramado esto que vosotros veis y oís".

De esta manera **Pedro conecta a Cristo con la efusión del Espíritu** y, a continuación, exhorta a la conversión:

> "Por tanto, sepa con seguridad toda la casa de Israel que Dios ha constituido Señor y Cristo a este Jesús, a quien vosotros crucificasteis. Al oír esto se dolieron de corazón y les dijeron a Pedro y a los demás apóstoles: –¿Qué tenemos que hacer, hermanos? Pedro les dijo: –Convertíos, y que cada uno de vosotros se bautice en el nombre de Jesucristo para perdón de vuestros pecados, y recibiréis el don del Espíritu Santo. Porque la promesa es para vosotros, para vuestros hijos y para todos los que están lejos, para todos los que quiera llamar el Señor Dios nuestro (…) Ellos aceptaron su palabra y fueron bautizados; y aquel día se les unieron unas tres mil almas". (Hch 2,36-39.41).

De modo esquemático podemos señalar los **elementos del bautismo cristiano** en la vida de la Iglesia, tal como lo cuentan los Hechos de los Apóstoles.

- El **anuncio del *Kerigma*** a los judíos y, en el futuro, a todas las gentes: Cristo es el Mesías muerto, resucitado y ahora vivo y glorioso.

- El **arrepentimiento** y la **adhesión de fe** por parte de los oyentes de esa instrucción.

- La **promesa del Espíritu** junto al **perdón de los pecados** a través del bautismo en el nombre de Jesús.

- La **incorporación** a la comunidad de la iglesia ("se les unieron") y así poder participar en la doctrina, partir el pan y orar juntos (Hch 2,42).

De esta actividad bautismal hay más ejemplos significativos en otros episodios de los Hechos: Felipe en Samaría (8,4-17) y con el etíope eunuco (8,26-39); el bautismo de Pablo en Damasco (9,1-19) y de la familia de Cornelio (10,44-47)… En todos estos casos descubrimos dos elementos: la fórmula variable del bautismo "en el nombre de Jesús" o "en el Espíritu" y el gesto, también doble, del baño o de la imposición de las manos que dona el Espíritu.

a. **Las dos fórmulas bautismales** ("en el nombre de Jesús" o "en el Espíritu") quieren subrayar la neta **distinción con el bautismo de Juan**. Éste anunciaba la profecía, aquél expresa la realidad: el Mesías ha llegado y ha recibido su bautismo en el Jordán, y por este contacto las mismas aguas han quedado perfumadas de su divinidad (Cirilo de Jerusalén); llegan con él también las "aguas puras" de Ezequiel (36,25), las demás promesas de los tiempos mesiánicos (Jl 3,1-2) y "el agua que salta hasta la vida eterna" (Jn 4,14) que Jesús el Mesías promete a la samaritana y de la que se dice después: el agua viva se refiere "al Espíritu que iban a recibir los que creyeran en él" (Jn 7,39). La conexión entre ambas fórmulas viene a expresar la **libertad de Dios y del Espíritu cuya acción está ligada al rito bautismal, pero no sometido a él.** De hecho, como vemos en otros momentos, en unas ocasiones el don del Espíritu precede (Cornelio), o sucede en la distancia (los samaritanos) o procede de la imposición de las manos por un apóstol y de la oración.

b. **El doble gesto del baño o de la imposición de las manos** puede resolverse del siguiente modo. La inmersión en el nombre de Jesús y la alusión al Espíritu es la **nota distintiva** respecto al bautismo de Juan y a otros baños lustrales, porque es en "Espíritu Santo y fuego" y representa un nuevo nacimiento a partir del Espíritu, el nacimiento del hombre espiritual que puede entonces salvarse (Jn 3,1-10). El **modo ordinario** de recibir este don es el **bautismo**, tal como lo anunció Pedro. Pero existen **dos textos en Hechos** que hablan de una **imposición de manos** que transmite el Espíritu Santo, una vez recibido el baño bautismal y como complemento del mismo (Hch 8,14-20; 19,1-7). Los dos fragmentos hablan por sí mismos:

> "Cuando los apóstoles que estaban en Jerusalén oyeron que Samaría había recibido la palabra de Dios, les enviaron a Pedro y a Juan. Éstos, nada más llegar, rezaron por ellos, para que recibieran el Espíritu Santo, pues aún no había descendido sobre ninguno de ellos, sino que solo estaban bautizados en el nombre del Señor Jesús. Entonces les imponían las manos y recibían el Espíritu Santo. Al ver Simón que por la imposición de manos de los apóstoles se confería el Espíritu Santo, les ofreció dinero: –Dadme también a mí ese poder, para que cualquiera a quien yo imponga las manos reciba el Espíritu Santo. Pero Pedro le respondió: –Que tu dinero vaya contigo a la perdición, por pensar que con dinero se puede conseguir el don de Dios".

> "Mientras Apolo estaba en Corinto, Pablo recorrió las regiones altas y llegó a Éfeso. Encontró a algunos discípulos y les preguntó: –¿Habéis recibido el Espíritu Santo al abrazar la fe? –Ni siquiera hemos oído que haya Espíritu Santo –le respondieron. Él les replicó: –¿Entonces con qué bautismo habéis sido bautizados? –Con el bautismo de Juan –dijeron. Pablo contestó: –Juan bautizó con un bautismo de penitencia diciendo al pueblo que creyeran en el que iba a venir detrás de él, es decir, en Jesús. Cuando oyeron esto se bautizaron en el nombre del Señor Jesús.

Al imponerles Pablo las manos, vino el Espíritu Santo sobre ellos, de modo que hablaban en lenguas y profetizaban. Eran entre todos unos doce hombres".

En ambos textos se distinguen dos ministros: solo los **apóstoles** (Pedro y Juan; Pablo) **imponen las manos** y se verifica entonces el don del Espíritu, acompañado de una **oración**. Podemos concluir con un reconocido estudioso que la imposición de las manos "proporciona una **ulterior comunicación del Espíritu** que se exterioriza (según Hch 8,17ss.; 10,44.46; 19,6), sobre todo, en el don de lenguas y de profecía" (B. Neunheuser, 8).

No podemos finalizar la presentación del libro de los Hechos sin detenernos en otros dos textos. El primero, que recoge la **conversión del centurión Cornelio y de su familia**, es un texto clave, como lo demuestra, entre otras razones, el hecho de que se narre tres veces: en las visiones paralelas de Cornelio y Pedro (Hch 10,3-6; 10,10-16), en la visita de Pedro a la casa de Cornelio (Hch 10,24-48) y en la explicación que da Pedro a los demás cristianos (Hch 11,4-18):

> "Pedro comenzó a explicarles de forma ordenada lo sucedido: estaba yo orando en la ciudad de Jope, cuando tuve en éxtasis una visión: cierto objeto como un gran mantel bajaba del cielo sujeto por sus cuatro puntas y llegó hasta mí. Lo miré con atención y vi en él cuadrúpedos de la tierra, fieras, reptiles y aves del cielo. Oí entonces una voz que me decía: "Levántate, Pedro, mata y come". Yo respondí: "De ningún modo, Señor, porque jamás ha entrado en mi boca nada profano o impuro". Pero la voz venida del cielo me dijo por segunda vez: "Lo que Dios ha purificado no lo llames tú profano". Esto ocurrió tres veces; y al fin todo fue arrebatado al cielo. Inmediatamente después se presentaron tres hombres en la casa donde estábamos, enviados a mí desde Cesarea. Y me dijo el Espíritu que fuese con ellos sin ningún reparo. Vinieron también conmigo estos seis hermanos y entramos en la casa de aquel hombre. Él nos contó cómo había visto en su casa un ángel que, de pie, le decía: "Manda aviso a Jope y haz venir a Simón, llamado Pedro, quien te dirá palabras por las que seréis salvados tú y toda tu casa".

> "Y cuando comencé a hablar, descendió sobre ellos el Espíritu Santo, igual que al principio lo hizo sobre nosotros. Entonces recordé la palabra del Señor cuando decía: "Juan bautizó en agua, pero vosotros seréis bautizados en el Espíritu Santo". Si Dios les concedió el mismo don que a nosotros, que creímos en el Señor Jesucristo, ¿quién era yo para estorbar a Dios? Al oír esto se tranquilizaron y glorificaron a Dios diciendo: –Luego también a los gentiles les ha concedido Dios la conversión para la Vida".

El suceso exigía un discernimiento porque era la primera vez en que el Espíritu es donado espontáneamente a una **familia no judía**. Era un signo claro de la **voluntad salvífica universal de Dios** que en un momento preciso anima a Pedro a seguir a los enviados de Cornelio (Hch 10,20). Era un don del Espíritu que precedió incluso al mismo bautismo, aunque orientado claramente hacia él, pues no olvidemos que buscan a Pedro para escucharle y Cornelio al recibirle en su casa se postra y le adora (Hch 10,25), como alguien que venía de parte de Dios. Era el mismo Espíritu quien avisa a Pedro para que siga a los emisarios de Cornelio y quien provoca en aquellos gentiles signos extraordinarios (hablar en lenguas y la alabanza divina): idénticos efectos a los que los apóstoles habían recibido días atrás en el Cenáculo. Con razón se ha llamado a este texto el **Pentecostés de los gentiles**.

El segundo fragmento es también una narración a partir de la **experiencia bautismal del mismo Pablo** (Hch 9,1-19). Es otro hecho insólito, donde la vida y la obra de Saulo de Tarso se convierten en el prisma adecuado para experimentar y anunciar el **cambio de vida** que supone el bautismo cristiano. Él cuenta en primera persona dos veces lo sucedido.

> "Pero cuando iba de camino, cerca de Damasco, hacia el mediodía, me envolvió de repente una gran luz venida del cielo, caí al suelo y oí una voz que me decía: "Saulo, Saulo, ¿por qué me persigues?" Yo respondí: "¿Quién eres, Señor?" Y me contestó: "Yo soy Jesús Nazareno, a quien tú persigues". Los que estaban conmigo vieron la luz, pero no oyeron la voz del que me hablaba. Yo dije: "¿Qué tengo que hacer, Señor?" Y el Señor me respondió: "Levántate y entra en Damasco: allí se te dirá todo lo que debes hacer". Como yo no veía a causa del resplandor de aquella luz, tuve que entrar en Damasco conducido de la mano de mis acompañantes. "Ananías, un varón piadoso según la Ley y acreditado por todos los judíos que allí vivían, vino y de pie delante de mí me dijo: "Saulo, hermano, recobra tu vista". Y en el mismo instante le pude ver. Él me dijo: "El Dios de nuestros padres te ha elegido para que conocieras su voluntad, vieras al Justo y oyeras la voz de su boca, porque serás su testigo ante todos los hombres de lo que has visto y oído. Ahora, ¿qué esperas? Levántate y recibe el bautismo y lava tus pecados, invocando su nombre". (Hch 22,6-16; la segunda en: Hch 26, 12-18).

Su conversión significó un don para la evangelización de los gentiles y una sorpresa para los primeros cristianos. Podemos intuir la profunda impresión de estos hechos en el alma de Pablo si consideramos sus circunstancias biográficas: fariseo formado en la escuela de Gamaliel, hijo de fariseo, romano de nacimiento, lleno de celo y que encuentra repentinamente a Cristo resucitado en el camino de Damasco. Trasplantado a otro mundo religioso y enviado a una misión totalmente distinta, asume una vida nueva con unos valores revolucionarios para la versión farisea del judaísmo. Su experiencia personal le ayudó a interpretar el **bautismo cristiano** con unos **rasgos** netos: **elección, vocación, misión** entre judíos y gentiles y **padecimientos** por la causa de Cristo. Realmente la fe y el bautismo le transformaron radicalmente. Y para explicar ese cambio profundo a través del bautismo recurre a unas **imágenes audaces** llenas de contraste que los destinatarios de sus cartas pudiesen entender: les habla de Adán y Cristo, de la carne y del espíritu, de las tinieblas y de la luz, de la muerte y la vida… El paso de una situación a otra lo concede el **baño purificador**, la **sepultura espiritual**, la **iluminación**, la **muerte del hombre viejo** con sus obras…

3.2. San Pablo y el testimonio de las Epístolas

El *Catecismo* recoge tres cartas estrictamente paulinas para comprender **su teología**: la Primera Carta a los Corintios, la Carta a los Romanos y la Carta a los Gálatas.

a. **Primera Carta a los Corintios** es el **testimonio histórico más antiguo** sobre la iniciación cristiana. Desde el comienzo Pablo reprende a los corintios por las divisiones internas en la comunidad:

> "Porque, por los de Cloe, me han llegado noticias sobre vosotros, hermanos míos, de que hay discordias entre vosotros. Me refiero a que cada uno de vosotros va diciendo: "Yo soy de Pablo", "Yo, de Apolo", "Yo, de Cefas", "Yo, de Cristo". ¿Está dividido Cristo? ¿Es que Pablo fue crucificado por vosotros o fuisteis bautizados en el nombre de Pablo? Doy gracias a Dios porque no bauticé a ninguno de vosotros, excepto a Crispo y a Gayo, para que ninguno pueda decir que fuisteis bautizados en mi nombre". (1 Co 1, 11-15).

Precisamente porque han sido **bautizados en su nombre**, todos ellos **pertenecen a Cristo**. También todos ellos –nuevo pueblo de Dios– han participado de los mismos momentos: en figura de lo que vivió el pueblo en el desierto:

> "No quiero que ignoréis, hermanos, que nuestros padres estuvieron todos bajo la nube, y todos cruzaron el mar, y para unirse a Moisés todos fueron bautizados en la nube y en el mar, y todos comieron el mismo alimento espiritual, y todos bebieron la misma bebida espiritual; porque bebían de la roca espiritual que los seguía, y la roca era Cristo. Pero la mayoría de ellos no agradó a Dios, puesto que cayeron muertos en el desierto. Estas cosas sucedieron como en figura para nosotros (…). Todas estas cosas les sucedían como en figura; y fueron escritas para escarmiento nuestro, para quienes ha llegado la plenitud de los tiempos". (1 Co 10,1-6a.11).

Se trata de una **experiencia colectiva** en la que no caben divisiones:

> "Porque, así como el cuerpo es uno y tiene muchos miembros, y todos los miembros del cuerpo, aun siendo muchos, son un solo cuerpo, así también

Cristo. Porque todos nosotros, tanto judíos como griegos, tanto siervos como libres, fuimos bautizados en un mismo Espíritu para formar un solo cuerpo. Y todos hemos bebido de un solo Espíritu". (1 Co 12,12-13; cfr. además Gal 3,28; Col 3,10-11)

b. **La Carta a los Romanos** es de una enorme densidad teológica. El tono es también de **exhortación** a la comunidad. El capítulo 5 expone el **valor salvífico** de la muerte de Cristo y el capítulo 8 está dedicado a las **exigencias éticas** de la nueva vida en el Espíritu de los que han sido redimidos. Los capítulos intermedios contestan a un error que se había extendido entre sus destinatarios: el hecho de haber sido redimidos les llevaba a sentirse indiferentes por estar en pecado o no. Su respuesta dice así:

> "¡De ninguna manera! Los que hemos muerto al pecado ¿cómo vamos a vivir todavía en él? ¿No sabéis que cuantos hemos sido bautizados en Cristo Jesús hemos sido bautizados para unirnos a su muerte? Pues fuimos sepultados juntamente con él mediante el bautismo para unirnos a su muerte, para que, así como Cristo fue resucitado de entre los muertos por la gloria del Padre, así también nosotros caminemos en una vida nueva. Porque si hemos sido **injertados en él con una muerte como la suya** (*similitudinis mortis eius*), también lo seremos con una resurrección como la suya, sabiendo esto: que nuestro hombre viejo fue crucificado con él, para que fuera destruido el cuerpo del pecado, a fin de que ya nunca más sirvamos al pecado". (Rm 6,2-6).

Queremos destacar algunas **expresiones** del texto:

• **El bautismo en la muerte de Cristo**: el bautismo recibe su significado por la comunión que establece entre el bautizado y la cruz salvadora. No parece casualidad el uso reiterado que hace Pablo de verbos griegos precedidos del prefijo *syn*: consepultados, co-injertados, crucificados con, muertos y vivos juntamente con Él.

• **Hechos una sola cosa con Él mediante la imagen de su muerte**: de nuevo un término rico en significado (*similitudo*, en latín, *homioma*, en griego: semejanza, imagen) cuya interpretación es clave para entender el pasaje. El bautismo se considera como **semejanza** de la muerte o, incluso, representación, no en un sentido externo (cfr. Neunheuser, 12), sino como **imagen sacramental que nos pone en contacto real con el acontecimiento salvífico** (Cristo muerto y resucitado) y nos mantiene unidos a él en el futuro: por eso "viviremos con él" (v. 6). Hemos sido **liberados** del pecado y **podemos vivir** en adelante una vida nueva para Dios en Cristo. Que la situación creada por el bautismo no es algo del pasado lo expresan los frecuentes verbos en futuro que hay en el pasaje: caminaremos, seremos, viviremos juntamente (cfr. además Col 3,4; Rm 6,22).

Ni en los textos presentados ni en otros del *corpus paulinum* existen más indicaciones rituales explícitas. Pablo, que conoce y practica por ejemplo la imposición de manos, no habla de este particular. Considera más bien la acción global del bautismo y su principal acción ritual del baño. Sin establecer distinciones entre bautismo y confirmación o entre las posibles fórmulas del bautismo (trinitaria/en el nombre de Jesús), se interesa por el efecto de la iniciación, que es la posesión del Espíritu. Por eso llega a sentenciar que "quien no tiene el Espíritu de Cristo, no le pertenece" (Rm 8,9).

c. El texto de **Gálatas** es una **síntesis** de cuanto se ha dicho en la Carta a los Romanos:

> "En efecto, todos sois hijos de Dios por medio de la fe en Cristo Jesús. Porque todos los que fuisteis bautizados en Cristo os habéis revestido de Cristo. Ya no hay diferencia entre judío y griego, ni entre esclavo y libre, ni entre varón y mujer, porque todos vosotros sois uno solo en Cristo Jesús". (Ga 3,26-28).

3.3. El testimonio de Pedro y de Juan en su teología bautismal

La presentación de la vida de la comunidad primitiva quedaría incompleta si no mencionásemos la teología de Pedro y de Juan.

En **1 Pedro** se habla en dos ocasiones del "**segundo nacimiento**". En el primer caso (1,3-4) la referencia directa es la resurrección de Jesucristo; la segunda cita (1, 23.25) sirve para hablar de la semilla incorruptible de la Palabra de Dios.

> "Bendito sea Dios, Padre de nuestro Señor Jesucristo, que por su gran misericordia *nos ha engendrado de nuevo* (del griego *anagennao*) –mediante la resurrección de Jesucristo de entre los muertos– a una esperanza viva, a una herencia incorruptible, inmaculada y que no se marchita, reservada en los cielos para vosotros (…)" (vv. 3-4).

> "Ya que habéis purificado vuestras almas por la obediencia a la verdad, para un amor fraterno no fingido, amaos de corazón intensamente unos a otros, como quienes *han sido engendrados de nuevo* no de un germen corruptible, sino incorruptible, por medio de la palabra de Dios, viva y permanente" (vv. 22-23).

El texto más relevante es 3,19-21. Los cristianos sufren las **persecuciones** y san Pedro les recuerda su **bautismo**:

> "En él [en espíritu, Jesús] se fue a predicar también a los espíritus cautivos, en otro tiempo incrédulos, cuando en tiempos de Noé les esperaba Dios pacientemente, mientras se construía el arca. En ella, unos pocos –ocho personas– fueron salvados a través del agua. Esto era *figura del bautismo*, que ahora os salva, no por

quitar la suciedad del cuerpo, sino por pedir firmemente a Dios una *conciencia buena*, por la resurrección de Jesucristo (…)" (vv. 19-21).

Aquí el anuncio del bautismo es la historia de Noé y el arca (figura). De ese grupo de ocho personas nació una nueva humanidad (con referencia a los textos anteriores); lo que sucede en el bautismo es el **cumplimiento** de aquello (realidad que se cumple) **en cada cristiano**, precisamente a través de la resurrección de Cristo. La conciencia buena o recta –según qué traducción se mire– parece ser la consecuencia de haber adquirido un compromiso bautismal.

La **teología joánica** sobre el bautismo viene a la luz a propósito del Evangelio de Juan y del Apocalipsis. En esos textos abundan las imágenes que la catequesis antigua utilizaba para explicar el bautismo cristiano. En este ambiente bautismal son leídos habitualmente los pasajes del paralítico de la piscina (Jn 5) y del ciego de nacimiento (Jn 9), textos que la Iglesia lee actualmente en los Domingos de Cuaresma (ciclo A): ambos nos hablan, respectivamente, del **baño que salva** (pero al que Jesús no queda sometido, por su condición) y de la **iluminación** (el ciego recupera la vista al contacto con Jesús, y porque se va a lavar a Siloé, que significa Enviado, con clara referencia a su persona).

En esta línea quizá el texto más rico sea el del encuentro de Jesús con Nicodemo (Jn 3). El maestro de la Ley es enseñado por el Rabí de Nazareth:

> "Éste [Nicodemo] vino a él de noche y le dijo: –Rabbí, sabemos que has venido de parte de Dios como Maestro, pues nadie puede hacer los signos que tú haces si Dios no está con él. Contestó Jesús y le dijo: –En verdad, en verdad te digo que si uno no nace de lo alto no puede ver el Reino de Dios. Nicodemo le respondió: –¿Cómo puede un hombre nacer siendo viejo? ¿Acaso puede entrar otra vez en el seno de su madre y nacer? Jesús contestó: –En verdad, en verdad te digo que si uno no nace del agua y del Espíritu no puede entrar en el Reino de Dios" (vv. 2-5).

Es preciso **nacer** de lo alto (*ánothen*): **de nuevo o de lo alto**. No es una conquista humana (de la carne) sino un don que se atribuye al Espíritu. La expresión "del agua y del Espíritu" es un recurso estilístico (endíadis) que expresa una **única realidad** con la unión de dos conceptos con conjunción. Parece estar diciendo: "el agua que el Espíritu ha asumido", con ecos claros en las aguas del Génesis, sobre las que el Espíritu aleteaba. Y más adelante continúa:

> "Pues nadie ha subido al cielo, sino *el que bajó del cielo*, el Hijo del Hombre. Igual que Moisés levantó la serpiente en el desierto, así debe *ser levantado* el Hijo del Hombre, para que *todo el que crea tenga vida eterna en él*" (vv. 13-15).

Aparte de otros comentarios sobre el título Hijo del Hombre (de origen mesiánico y típico del profeta Daniel), conviene subrayar que **la fe converge en Cristo**: creer en Él y estar unidos a Él, porque es el único que vino de lo alto (referencia a su divinidad) y aquél que va a ser levantado. Con este modo misterioso de hablar, Jesús está aplicándose aquel suceso (anuncio-figura) del pueblo en el desierto: cuando el pueblo pasó hambre y sed y acabó murmurando y desconfiando de Dios y de su enviado Moisés, vino el castigo de las serpientes. (Nm 21, 4ss.). Y junto al castigo, el remedio del Señor: "Haz [dice a Moisés] una serpiente venenosa [de bronce] y ponla sobre un mástil, y todo el que haya sido mordido y la mire, vivirá" (Nm 21, 8). Cuando llegue la Hora de que Jesús sea glorificado –su pasión redentora– y sea levantado –crucificado–, entonces todos serán salvados: "Y yo, cuando sea levantado de la tierra, atraeré a todos hacia mí. Decía esto señalando de qué muerte iba a morir" (Jn 12,32-33).

Finalmente, una escueta referencia al libro del **Apocalipsis**. En la visión de los bienaventurados (Ap 7,13-14) se dice:

> "Entonces uno de los ancianos intervino y me dijo: –Éstos que están vestidos con túnicas *blancas*, ¿quiénes son y de dónde han venido? –Señor mío, tú lo sabes –le respondí yo. Y me dijo: –Éstos son los que vienen de la gran tribulación, los que han *lavado* sus túnicas y las han blanqueado con la *sangre del Cordero*".

Encontramos un contraste cromático típico del Apocalipsis: las vestiduras llegan a ser blancas (color de la divinidad) porque han sido lavadas en la sangre (roja y que es expresión de la vida que se da en sacrificio) del Cordero (inmolado, pero en pie, en el trono de Dios, es decir, Cristo Resucitado: cfr. Ap 5,6; 7,17). **Por el contacto entre cada bienaventurado y la sangre del Cordero adviene la salvación eterna.**

La otra imagen maravillosa del Apocalipsis está en 22,1-2. El **río de la vida** que procede del trono de Dios y del Cordero riega a su vez el árbol, cuyos frutos alimentan y sanan a las naciones. A su modo, el libro inspirado puede ser leído como lo que acontece (o lo ya acontecido, pues es literatura apocalíptica) en la historia de la salvación y en los signos sagrados de la economía sacramental:

> "Me mostró el río de agua de la vida, claro como un cristal, procedente del trono de Dios y del Cordero. En medio de su plaza, y en una y otra orilla del río, está el árbol de la vida, que produce frutos doce veces: cada mes da fruto; y las hojas del árbol sirven para sanar a las naciones".

* * *

De cuanto nos ha dicho la **Sagrada Escritura** sobre la vida de la primera comunidad es posible afirmar la existencia de **elementos aislados**, himnos y breves fórmulas que pudieron emplearse en la iniciación. Con cautela algunos autores reconstruyen un cierto ritual o al menos una secuencia de actos por los que alguien se convierte en cristiano. Como **síntesis de este capítulo**, señalamos los siguientes [cfr. Oñatibia, pp.41-44]:

1.º El **anuncio del *Kerigma***: la buena nueva de que hemos sido salvados por Cristo, muerto y resucitado por nosotros.

2.º Una **catequesis o preparación doctrinal básica**: aunque muchos de los primeros cristianos abrazaron la fe y se bautizaron inmediatamente, es posible reconocer la existencia de una instrucción fundamental para los candidatos (cfr. 1 Cor 15,1ss.; Hb 6,1-2; Didaché I,1-VII,1).

3.º La **acogida de la Palabra, en la fe** y con un **verdadero arrepentimiento-conversión**, manifestado en una buena disposición (Ef 1,13; Hch 2,41; 4,4; 2,37; 8,36; 16,30).

4.º El **baño bautismal** que iba acompañado además de un **acto de fe en Jesús** como el **Hijo de Dios o Señor** (Hch 8,37; 1Co 12,3; Flp 2,11), o **una profesión de fe** (como parece sugerir Hb 3,1; 4,14). Con **agua** (normalmente **agua viva** de ríos o del mar) el sujeto era **acompañado** al agua donde se sumergía o donde se le derramaba agua por la cabeza, mientras se pronunciaban **la fórmula** en el nombre de Jesús o la fórmula trinitaria.

5.º La presencia de la **imposición de manos o de algunos ritos** después del baño (Hch 8,17-20).

6.º El **ingreso en la comunidad** suponen participar en su vida, sobre todo en la oración y en la fracción del pan (Hch 2,41-42; *Didaché* IX,5).

Ejercicio 1. Vocabulario

Identifica el significado de las siguientes palabras y expresiones usadas:

- escatológico/a
- teofanía
- comunidad de los penitentes
- alianza del Sinaí

- textos mesiánicos
- *Kerigma*
- fariseísmo

Ejercicio 2. Guía de estudio

Contesta a las siguientes preguntas:

1. Aspectos novedosos del bautismo de Juan respecto a otros movimientos bautismales de su tiempo.

2. La teofanía del Jordán: principales elementos.

3. El mandato bautismal de Jesús a los apóstoles: principales implicaciones.

4. Interpretación de Pedro en su discurso del cap. 2 de Hechos acerca de los portentos que ven los judíos venidos a Jerusalén.

5. Elementos característicos del bautismo según Hechos.

6. Dos expresiones que merecen una explicación: las dos fórmulas del bautismo y la imposición de las manos.

7. Nueva información sobre el bautismo ante el hecho insólito del bautismo del centurión Cornelio.

8. Las epístolas paulinas: información esencial de 1 Co y Rom.

9. Reconstrucción de un "ritual de la iniciación" según la praxis del NT.

Ejercicio 3. Comentario de texto

Santo Tomás de Aquino

Suma Teológica, III, q. 38, a.3, c: ¿Se confería la gracia en el bautismo de Juan?

"Como acabamos de explicar (a.2 ad 2), toda la enseñanza y todo el ministerio de Juan eran una preparación con miras a Cristo, como la del discípulo y la del artista de rango inferior es preparar la materia para la forma que hará aparecer el artista principal. Ahora bien, la gracia debía ser conferida por Cristo, conforme a las palabras de Jn 1,17: *La gracia y la verdad han venido por Jesucristo*. Y por este motivo el bautismo de Juan no confería la gracia, sino solo la preparación para ésta, de tres maneras. Primero, porque Juan con su doctrina movía a los hombres a la fe en Cristo. Segundo, acostumbrando a los hombres al rito del bautismo de Cristo. Tercero, preparando a los hombres, mediante la penitencia, a recibir el efecto del bautismo de Cristo."

PARTE II

LA INICIACIÓN CRISTIANA EN LA HISTORIA: CELEBRACIÓN Y COMPRENSIÓN TEOLÓGICA

TEMA 3

ESTRUCTURACIÓN Y EVOLUCIÓN DE LA PRAXIS DE LA INICIACIÓN CRISTIANA (SS. II-V)

Después del testimonio de la primera comunidad apostólica, nos adentramos en las sucesivas generaciones que, fieles a las tradiciones antiguas, reciben en la iglesia a los nuevos cristianos. Desde una ritualidad muy sencilla (s. I y II) llegamos a un ritual completo (s. III). La importancia del paso a la nueva vida no se improvisa y surge entonces un catecumenado verdadero y propio.

La andadura de la Iglesia en este periodo no está libre de ataques a su doctrina y a su praxis. Los Padres de la Iglesia salen al paso, legándonos una teología mistagógica de gran calado bíblico y espiritual. Sobresalen en esta época nombres como Tertuliano, Cipriano de Cartago, Cirilo de Jerusalén y Agustín de Hipona.

SUMARIO

1. EL BAUTISMO EN LOS SS. II-III. 1.1. Los primeros testimonios y caracterización del periodo. 1.2. Un catecumenado con cierto orden: Tertuliano (155-220). 1.3. Un ritual completo: la Traditio apostolica. 1.4. Controversias doctrinales: Cipriano y el bautismo de los herejes. 1.5. Una teología bíblica y litúrgica incipiente • **2. EL BAUTISMO EN LOS SS. IV-V.** 2.1. Caracterización del periodo. El catecumenado y la celebración. 2.2. Mistagogia y tipología, controversias y aclaraciones: la edad de oro de la Patrística. 2.3. Cirilo de Jerusalén (315a-387). 2.4. Agustín de Hipona (354-430).

1. El bautismo en los ss. II-III

53

1.1. Los primeros testimonios y caracterización del periodo

El documento más antiguo después de los textos del NT es la *Didaché* (mitad del s. I o la segunda década del s. II. Es una obra catequética que da noticia de la vida de la primera comunidad, de autor desconocido.

Menciona una **preparación escueta** para el bautismo basada en la enseñanza de las **dos vías** (un camino para la vida y otro para el pecado y la muerte) y en el **ayuno** como signo de arrepentimiento y de conversión, tanto del **ministro**, como del **bautizado** y de otras **personas allegadas**. La imagen del camino o vía como conducta o comportamiento es antigua; la fórmula los "caminos de Dios" (Dt 5,33) equivale a decir un modo de vida conforme a sus preceptos. El autor retoma la idea judía y griega de los **dos caminos**, ya usada para los prosélitos en las sinagogas helénicas y sobre esta idea expone la catequesis de Mateo y la que se desprende del AT. Es una **enseñanza moral** a partir del mandato del amor a Dios y al prójimo, la regla de oro de los evangelios (Mt 7,12: "Todo lo que queráis que hagan los hombres con vosotros, hacedlo también vosotros con ellos: ésta es la Ley y los Profetas") o las bienaventuranzas (Mt 5,1-12). El autor desciende a ejemplos concretos donde materializar esas enseñanzas: sobre el trabajo, la limosna, los usos sociales, el respeto a la vida, la penitencia, la huida de la idolatría… ése es el camino que conduce a la vida eterna. El **ayuno prebautismal**, a partir de este texto es una **praxis** mencionada en otras fuentes antiguas, como san Justino (*Apologia* I, 61, 2) o, más tarde, Tertuliano (*De Baptismo*, 20).

La **ritualidad** de la iniciación es esencial: un **baño en agua corriente** si es posible –ya sea fría o caliente– con la **invocación** de las **Personas de la Trinidad o en el nombre del Señor**. Si las circunstancias lo impidieran, podía derramarse **agua por tres veces** sobre la cabeza (*Didaché* 7,1-14). Nos encontramos ante una puesta en práctica del mandato bautismal de Jesús al final del evangelio de Mateo.

> Respecto a las dos fórmulas posibles para bautizar hay tres hipótesis: o bien se empleaba la trinitaria para la misión entre los paganos, y la segunda en ambientes judíos; o la trinitaria era la habitual y la segunda se utilizaba como designación abreviada de quienes han recibido el bautismo. Una tercera hipótesis es suponer una convivencia de ambas fórmulas con una cierta libertad, tal como hace la misma *Didaché* cuando recoge una fórmula bautismal simple no trinitaria.

De mediados del s. II es la obra de **Justino** (*Apologia* I) donde la **iniciación cristiana** comprende el **bautismo** y además la **Eucaristía**. De nuevo el ayuno y la exposición de algunas enseñanzas constituyen su preparación. Los ritos son sencillos y se encaminan a la participación en la celebración eucarística (*Apología* I, 61, 1-13; 65, 1ss.).

La afluencia de personas que quieren convertirse iba en aumento y los **pastores** percibían la necesidad de **mantener** el rigor y de **organizar** bien este acceso a la comunidad. Parece claro que hasta **finales del s. II** no contamos con un **catecumenado** medianamente organizado: de hecho, se habla de "catecúmenos" y no del "catecumenado", término que emplean primero Orígenes y Tertuliano (s. II-III). **Su duración varía** según las iglesias, pero hay un acuerdo más o menos tácito: "el catecúmeno necesita tiempo" (Clemente de Alejandría, *Stromata*, 2, 96,1). Era un **tiempo** de **prácticas penitenciales** y de **escrutinios** sobre la propia vida, y de **explicación** de la Escritura y del Símbolo de la fe.

> Los escrutinios eran encuentros entre el valedor (el futuro padrino) que presentaba al candidato y el obispo o los presbíteros junto a otros testigos, para asegurar la rectitud de su conversión y para moverles a cambiar de vida. Solían ir acompañados de oraciones por ellos, imposición de las manos e incluso de exorcismos que los librasen de la influencia del diablo y del pecado. Con estas acciones rituales también se animaba la esperanza de que Dios interviniera en su camino de conversión.

Este proceso terminaba con la **celebración** del bautismo, habitualmente en **Pascua** (Roma y Norte de África), donde tenían lugar algunos **ritos antes y después** del núcleo esencial del baño: tales acciones litúrgicas ayudaban a expresar simbólicamente la riqueza de lo que acontecía. Para describir esta estructura ritual expondremos más adelante la información recabada a partir de la *Traditio apostolica*.

En la historia de la Iglesia de estos siglos no faltaron ni las **herejías** ni las **controversias doctrinales**. Algunas de ellas tocaban la cuestión del bautismo y esto exigió la aclaración de algunos puntos y la consolidación de una terminología específica de la iniciación. Los principales focos de herejías fueron los **gnósticos valentinianos** (que sostenían que había dos bautismos) y los **maniqueos** (contra el agua, que al ser una criatura material no podía traer la salvación espiritual). En el s. III entrará en escena el problema del **bautismo dispensado por herejes**. Por último, otro tema colateral que caracteriza este momento es el del **bautismo de niños**.

Parte de la restauración de la sana doctrina se la debemos a Tertuliano quien, además, tiene una monografía sobre el bautismo que ofrece información sobre el catecumenado y la celebración de la iniciación.

Como habitante de Cartago (Norte de África), Tertuliano es un **escritor eclesiástico** que vive una situación social cambiante en las relaciones del estado y de la Iglesia: los periodos de semiclandestinidad dejan paso a la tolerancia, y más tarde a las persecuciones. A finales del s. II, la vida eclesial está organizada y hay un buen número de fieles que se reúnen para celebrar los sacramentos.

Sus obras permiten conocer los **usos** de la Iglesia en el norte de África, que influyeron en la liturgia romana, así como la doctrina bautismal. Su tratado *De Baptismo*, por ejemplo, no se detiene en la explicación de los ritos sobre los catecúmenos (denominados *audientes* o *auditores*), ya que su propósito es que **abandonen el pecado** y se dispongan a hacer **penitencia** (*De Baptismo* 20, 1).

Otras obras tratan del **catecumenado**, que él concibe como un adiestramiento severo antes de jurar fidelidad a Cristo. De la información dispersa es posible reconstruir este proceso: hay **tres pasos** decisivos y **dos etapas**: acceder a la fe, entrar en la fe y llegar al bautismo (*signare fidem*).

- En la **primera** etapa (evangelizar al hombre) tiene como fin el **examen** de la propia vida y su **coherencia** con el nuevo estado que se busca, y recibir el **anuncio Kerigmático** de Cristo para terminar con la **renuncia** a Satanás.

  > El examen llega a ser muy detallado acerca de sus circunstancias personales, sociales y profesionales, todo en torno a tres graves pecados (apostasía, adulterio, homicidio) que los separarían de la comunidad (*De Baptismo* 4,2).

- La **segunda** etapa (catequesis) tiene una triple vertiente: **doctrinal, moral y sacramentaria**. Primero reciben enseñanzas sobre Dios Uno y Trino con una especial referencia a Cristo como *Kyrios* glorioso (encarnado, muerto y resucitado); después la enseñanza moral responde al reto de vivir en medio de una sociedad paganizada, con la explicación del mandato doble de la caridad, del Decálogo y de las bienaventuranzas; finalmente, la explicación del bautismo y sus ritos a la luz de las prefiguraciones o anuncios del AT.

  > En la enumeración de las figuras del AT sobresalen: las aguas primeras, el diluvio y Noé, el ciclo del Éxodo con el Mar Rojo y el agua de Meribá y la roca… Este elenco es retomado con pocos cambios por Cirilo de Jerusalén (*Catequesis* III,5) y Ambrosio (*De sacramentis* I, 11-24).

Veamos ahora algunos comentarios suyos sobre el bautismo propiamente dicho y sus **dos ritos prebautismales**: la **bendición del agua** (*De Baptismo* 4,4) y la **renuncia a Satanás** (*De Corona* 3,2). Conviene detenernos un poco en el primero de ellos, pues en el fondo es una respuesta al error de los maniqueos. **Bendecir el agua** significa reconocer que esta criatura forma parte del designio de Dios en la creación; Él crea las criaturas y las pone al servicio de su plan de salvación cuando sobre ellas se invoca su nombre. La misma materialidad del signo muestra que **el agua purifica y revitaliza**; habla del misterio de la vida y la muerte del mundo sensible, y remite también al misterio pascual (de muerte y resurrección) de Jesucristo. A través de aquellas figuras del AT que los catecúmenos conocían bien, Tertuliano despertaba en ellos la fe y les mostraba que Dios usa elementos simples y aparentemente ineficaces –ahora es el agua para bautizar– para obrar sus maravillas.

La descripción del baño bautismal es sucinta, pues los lectores conocían el rito: **entraban en el agua, se invocaba a la Trinidad sobre ellos** con una bella fórmula donde se incluía a la iglesia como Madre (*De Baptismo* 6,2). Al salir del agua –entramos en los **ritos postbautismales**– eran **ungidos con el crisma** (que indica pertenencia a Dios y dedicación a su culto) y también probablemente con una **cruz** (para proteger del diablo: cfr. *Adversus Marcionem* 3, 22, 7) y se les **imponía la mano** para concederles el don del Espíritu Santo (*De Baptismo* 6, 1). Tocamos aquí una cuestión difícil (el don del Espíritu en el bautismo y en la confirmación) que por el momento dejamos abierta.

1.3. Un ritual completo: la *Traditio apostolica*

Nos fijamos ahora en un documento famoso en las fuentes antiguas conocido como la *Traditio apostolica*. Aunque no se trate de un libro litúrgico, contiene una descripción detallada de los ritos de iniciación (caps. 15-21) que conviene conocer, pues aquí se inspira la iniciación cristiana tal como la vivimos en nuestros días.

> Las últimas investigaciones concuerdan en que se trata de un documento anónimo compuesto probablemente durante el s. III y en la primera parte del siglo IV. No fue tanto un ritual de una Iglesia local específica (la de Roma), sino una acumulación de tradiciones provenientes de diferentes épocas y lugares, no sólo de Roma.

Quienes deseaban recibir la enseñanza sobre el nuevo modo de vida eran primero **presentados** ante quienes la impartían; después de un **examen** de sus circunstancias personales y profesionales –como ya veíamos en el testimonio de Tertuliano– comenzaba un **catecumenado de tres años**, que podía abreviarse según el avance personal (*Traditio* XVII). El proceso estaba jalonado de encuentros frecuentes para recibir la **enseñanza**, **rezar** en común –en grupos de hombres y mujeres separados– y recibir la **imposición de las manos** (*Traditio* XVIII-XIX).

Al acercarse el día del bautismo, algunos adquirían la condición de **elegidos**: examinada su vida, eran considerados aptos para recibir el bautismo. **Cada día** tenían lugar unos encuentros en los que **se leía y se explicaba el evangelio**, con momentos de **oración y de imposición de las manos** (con un sentido de exorcismo). En la **semana previa** al bautismo recibían un **baño lustral el jueves**, **ayunaban el viernes**, y el **sábado** se reunían para recibir el **exorcismo del obispo** junto a dos ritos: el soplo sobre el rostro de cada uno, y la signación de una cruz sobre las orejas, la nariz y la cara. Los referentes bíblicos de estos gestos pueden encontrarse en el soplo de Dios sobre Adán para hacerle un ser vivo (Gn 2,7), o en el soplo de Cristo resucitado a los Once en el Cenáculo (Jn 20,22), o incluso en el soplo curativo como cuenta el libro de Tobías (6,9). Esa noche la pasaban **en vela**, escuchando las lecturas e instrucciones hasta que, **al canto del gallo**, tenía lugar la **bendición del agua bautismal** (*Traditio* XXI: agua de una fuente o que cayese de arriba…o cualquier agua en caso de necesidad) y el **despojo** de las propias vestiduras (las mujeres solo debían soltarse el pelo y quitarse las joyas).

El baño bautismal se realizaba **por grupos**: primero **los niños** (acompañados por alguien que respondiese por ellos si no eran capaces de hablar), después los **hombres** y por último las **mujeres**. Cada uno **renunciaba** a Satanás y a su culto, y entonces era **ungido** por el **presbítero** con el **óleo de exorcismos**. A continuación, se **presentaba al obispo o a otro presbítero** para que lo **bautizase,** con una **triple profesión de fe** y la **triple inmersión**. Una vez salidos del agua, el presbítero los **ungía con óleo de acción de gracias** (unción distinta de la que hacía después el obispo). Los bautizados se secaban y se vestían para **entrar junto con el obispo en la iglesia** donde tenía lugar la **celebración eucarística**, que era interrumpida para la **unción del obispo** a cada uno **sobre la frente**, y el **beso de paz**: todos estos **ritos postbautismales** tienen que ver con la **confirmación**, que acaba con un beso santo de acogida en la comunidad. De este modo, los neófitos eran capaces de participar con todos los fieles en la oración común.

Señalamos algunos particulares de estos ritos apenas mencionados:

- La renuncia a Satanás está atestiguada universalmente (Alejandría, Roma y Norte de África), con excepción de Siria.
- La unción prebautismal registra dos sentidos en las tradiciones litúrgicas: como exorcismo (Roma) o como comunicación del Espíritu (solo en Siria).
- La triple confesión contiene la fe en Dios Padre Creador, Dios Hijo encarnado, crucificado, resucitado…y en Dios Espíritu Santo y en la Iglesia. Se trataba de un símbolo de la fe breve, en forma interrogativa (*Traditio* XXI). La triple inmersión está cargada de simbolismo trinitario o de los tres días de la sepultura de Jesús. Se puede decir que la fórmula trinitaria está ya extendida casi universalmente.

- Ritos postbautismales. En algunas iglesias entre el baño y la Eucaristía surgen ritos a los que se le atribuye la comunicación del Espíritu Santo: sobre esto volveremos más adelante. Desconocen estos ritos las iglesias de Siria, Armenia y Mesopotamia, quienes sí conservan una unción prebautismal a la que dan gran importancia; en efecto, ponía al bautizado en relación con las unciones de los reyes y sacerdotes de la Antigua Alianza, con el bautismo de Jesús y con la donación del Espíritu [cfr. Oñatibia pp. 50-51]

- En la celebración eucarística después del bautismo había dos cálices más, uno con leche y miel, otro con agua. Los neófitos comulgaban primero el pan y después de los tres cálices. Con esta simbología percibían cómo se cumplían en ellos (en su interior a través del cuerpo) las promesas del Antiguo Testamento: la llegada a la tierra prometida que manaba leche y miel, la limpieza interior y la ausencia de sed, el cuerpo del Señor que se ha entregado por ellos.

1.4. Controversias doctrinales: Cipriano y el bautismo de los herejes

En el s. III quieren **volver** a la Iglesia cristianos bautizados previamente en comunidades separadas por el cisma o por herejía. Surge entre los pastores la pregunta: **¿qué valor tiene ese bautismo?** o ¿cómo debería tratarlos la Iglesia? La respuesta y la praxis fueron distintas. Cipriano de Cartago, en **África** y en las **iglesias de oriente se repiten esos bautismos**; Cipriano llega incluso a presidir dos concilios en Cartago (año 251 y 256) para mantener el uso africano contra el **Papa Esteban**. La posición de éste era la de **no repetir** el bautismo, sino **imponer las manos** como gesto de reconciliación. Hubo intercambio de cartas, emisarios, momentos de tensión…y la disputa acabó con la muerte de Cipriano, con un nuevo Papa (Sixto II) y con la celebración del **Concilio de Arlés** (314) en el que la **iglesia del Norte de África se adhirió a la tradición de Roma**, en contraste con las iglesias orientales.

Nuestro punto de interés en esta controversia es doble, sobre todo, porque la vida y la pastoral ayudaron a profundizar en el don del bautismo; y en menor medida –por tratarse de un manual de iniciación teológica– porque los argumentos que Cipriano usaba en sus cartas fueron retomados después por otros herejes (los donatistas) a los que se enfrentará san Agustín.

Los **argumentos de Cipriano** pueden sintetizarse así:

- Los herejes **no tienen al Espíritu Santo** ¿cómo lo van a dar?

- La **Iglesia** es **una y solo en su seno** pueden los hombres salvarse… por tanto, el bautismo de herejes es inválido.

- Los herejes **no** profesan la **fe recta** sobre la Trinidad, cuyo nombre es invocado sobre el agua.

- En suma, no concibe que exista un sacramento válido que no dé sus frutos. Roma, con el **papa Esteban I**, no hace depender la validez del bautismo tanto del ministro como de la **acción de Dios** y de la **fe** del bautizando (si rechaza la fe, no hay sacramento) [Cfr. Rico Pavés, 166-170].

De modo esquemático, las conclusiones de esta controversia teológica y de la praxis son las siguientes:

- La **invocación** del nombre de la Trinidad concede el **valor** al baño bautismal. Por su acción, aunque sea invocado por un hereje, se inicia la regeneración.

- La **eficacia** del sacramento **no reside** en la santidad del ministro.

- La **teología paulina se cita** (especialmente Rm 6), pero **no se profundiza** aún en la participación en la muerte y resurrección de Cristo.

- **Se diferencia** entre el baño (nacimiento espiritual) e imposición de las manos o unción crismal (donación del Espíritu que completa la recibida en el baño, o comunicación definitiva, según los distintos autores), pero **concebido como un único misterio** con una acción ritual doble, llamado *baptismós*.

- Continúan los bautismos de niños, de adultos y de moribundos. Prevalece la **referencia al pecado original**, "mancha de la antigua muerte" (Cipriano de Cartago, *Epístola* 64, 2-6).

1.5. Una teología bíblica y litúrgica incipiente

La teología sobre el bautismo tiene una especial riqueza en estos siglos, arraigada en una lectura meditada de la Escritura y una **sensibilidad** extraordinaria hacia los **ritos** y su **celebración**.

- Entre las figuras bíblicas destaca la del Bautismo de Jesús en el Jordán (ampliamente desarrollada en el s. IV-V, pero ya presente), del que el bautismo cristiano es una *mímesis*, una imitación cultual que hace posible la comunión con Cristo y su unción. Subyace la **teología joánica** del **nuevo nacimiento** que toma la delantera –lo decíamos antes– respecto a la concepción paulina de la participación en la muerte y resurrección de Cristo.

- Otro avance teológico tiene lugar cuando el bautismo y la confirmación empiezan a ser llamados **misterios** (*mysterion*, en Oriente) y **sacramentos** (*sacramentum*, en Occidente).

Encontramos un tímido uso de *mysterion* en Hipólito para referirse genéricamente a realidades salvíficas cristianas, y tan solo una vez para hablar de la Eucaristía; Orígenes es más osado y designa con este término los acontecimientos salvíficos que van desde los sucesos portentosos a favor de Israel en el AT hasta las acciones salutíferas de Cristo. Orígenes llega incluso a hablar de los ritos como de *símbolos*, es decir, realidades materiales que nos ponen en contacto con los eventos salvíficos. El término *symbolon* designa la idea de juntar dos cosas o fragmentos de una cosa que, unidos, permiten un reconocimiento. Por eso un estudioso contemporáneo podrá decir que "el baño del bautismo es *Mysterion* y *Symbolon* de la muerte y resurrección de Cristo en cuanto que en él aquella muerte y resurrección nos salen al paso en su plena realidad" (Neunheuser, 42).

Los Padres latinos de los s. II-III traducen el término con el barbarismo *mysterium* o al término acuñado *sacramentum*, que era el empleado en la versión más antigua de la Biblia. Tertuliano lo usa en un doble sentido: como juramento militar y consagración (nivel moral) y como unión con Cristo (nivel místico cultual). Cipriano de Cartago recibe el término de Tertuliano y con él designa al bautismo, la confirmación y la Eucaristía. El *sacramentum* otorga simbólicamente la realidad divina. Concluimos con Neunheuser: cuando al baño bautismal se le llama *mysterion* en los Padres griegos y *sacramentum* en los latinos se ve como "un rito que consagra e inicia (…), imagen eficiente de la acción salvífica mediante la que se participa de tal acción, e incluso aquella se verifica de la forma más sublime" (Neunheuser, 43).

- Empiezan a circular **distintos nombres para referirse al bautismo** en los escritos de varios autores del momento: es **baño de inmersión o lavado** con un agua que es misteriosa, y **nuevo nacimiento**, un **combate** contra el demonio y **perdón de los pecados** que compromete la conducta futura del cristiano, como **pacto** y **nupcias** con Dios, como **agregación** a la Iglesia; es una **regeneración** de la imagen de Dios perdida e, incluso, un **regreso al Paraíso**; es una **iluminación**; un **sello** de aceptación de la fe, una **marca** que regenera la imagen de Cristo y sella al alma con sus estigmas, o un medio de **protección** frente al pecado y las tentaciones del demonio; una **circuncisión espiritual**, una **efusión del Espíritu Santo**…

Queremos detenernos en este último nombre del bautismo, pues sigue pendiente la cuestión: ¿cuál es el **efecto del bautismo** y de los **ritos postbautismales** (la unción del obispo o su imposición de manos): remisión de los pecados o donación del Espíritu Santo? La praxis litúrgica varía según las zonas. En **Roma** y en **África** se afirma que la **imposición de las manos** y **la signación** con el crisma **comunican el Espíritu**.

En este punto el pensamiento de **Tertuliano** es el más clarificador, a pesar de las variaciones: unas veces llega a decir que el baño lo confiere (*Adversus*

Marcionem I, 28, 2-3) y otras lo desmiente para afirmar que prepara al alma a recibirlo (*De Baptismo*, 6, 1) y que la imposición de manos atrae al Espíritu (*De Baptismo*, 8). El baño es algo más que una inmersión en agua y exige reconocer la **profunda unidad** en todo el **rito baño-unción-imposición de manos** que él llama con un **único nombre**: *baptismus* o *baptisma, aqua, lavacrum novi natalis* (*De Baptismo*, 12, 15 y 20). Este *baptisma* otorga la **vida eterna**, el **perdón de los pecados** y la **paz con Dios**, el **compromiso** de vivir sin pecados y da **derecho al culto eucarístico**. En el fondo, baño e imposición de la mano son dos estadios complementarios de la comunicación del Espíritu. **A partir de Tertuliano** la **situación no es uniforme**: o bien se relaciona la donación del Espíritu con la imposición de la mano postbautismal, o se decanta por la unción episcopal (*sphragis*, la llama) como rito del Espíritu Santo… En suma, podemos afirmar que se va concediendo una **importancia** cada vez mayor a los **ritos posbautismales** cuyo **ministro** era **el obispo**, sucesor de los apóstoles, y que debían ser suplidos cuando por ausencia de aquél se habían tenido que omitir. La **teología de la confirmación** va dando sus primeros pasos.

- Otro aspecto de la teología de este periodo surge de la **discusión sobre el bautismo de niños**. Una práctica que tiene origen apostólico y que se practicaba en las distintas iglesias. Pero el argumento de mayor peso para justificar esa praxis fue el de la **doctrina del pecado original** que **Orígenes** defendió con rotundidad. Andando el tiempo, esta doctrina llega a ambientes judeocristianos y se extiende, hasta convertirse en **uno de los ejes principales de la teología posterior** sobre el bautismo.

2. El bautismo en los ss. IV-V

2.1. Caracterización del periodo. El catecumenado y la celebración

La firma de la paz constantiniana y el **Edicto de Milán** junto a otros edictos imperiales trajeron consigo un nuevo escenario político y religioso. La afluencia casi masiva de personas para recibir el bautismo –con motivos más o menos rectos, de influencia social, de facilidades laborales…– llevó a que los pastores se **replantearan** el catecumenado y el modo de celebrar la iniciación cristiana. Muchos consideraban que se estaba **perdiendo el rigor** de la primera época, donde la conversión traía aneja la posibilidad real del martirio. El afán por no perder ese espíritu escoró a algunos grupos a posiciones extremas, como es el caso de los **donatistas**, que arrastraron consigo a parte de la iglesia del Norte de África.

La herejía donatista desembocó en un cisma de la iglesia del Norte de África: el obispo Donato junto a otros vieron con malos ojos el modo en que otros obispos de la zona se rindieron ante la persecución de las autoridades del imperio romano (s. IV). Su celo les llevó a proponer una reforma de la iglesia que se basaba en dos ideas esenciales: la Iglesia era una sociedad de hombres santos, y todo sacramento administrado por un sacerdote indigno era inválido. Sus ideas permanecieron en algunos grupos de cristianos, hasta su desaparición en el s. VII.

La respuesta del pueblo a las medidas adoptadas no siempre fue encomiable. En efecto, una vez vinculados externamente con la iglesia, diferían el bautismo por miedo a los compromisos que éste exigía, y la **duración del catecumenado** se dilató *sine die*… Los pastores tuvieron que centrar su tarea sobre quienes estaban dispuestos a inscribirse para el bautismo, y que fueron denominados **competentes**. Se sumaba a esto la costumbre de llevar a los **niños** para ser bautizados a edades tempranas; tal situación pastoral acabó por generalizarse y predominar sobre el número de adultos que se bautizaban. Al cambio pastoral no le siguió una reforma de los ritos: los infantes recibían **los mismos ritos** pero, por su incapacidad de ser catequizados o de hablar o decidir, quedaron reducidos a simples **exorcismos** que se repetían. Algo se había perdido.

Gracias a la obra de **san Agustín** conocemos el catecumenado y las celebraciones sacramentales de este periodo. Aunque en sus obras la información es dispersa, podemos reconstruir un cuadro fiel del **proceso** con otros testimonios de la época.

Había un periodo inicial de **precatecumenado** con una duración indeterminada; solo se daba paso a la **catequesis catecumenal** cuando la persona manifestaba su propósito de inscribir su nombre para bautizarse en la siguiente Pascua. En la **inscripción** se les **signaba la frente con una cruz** –paso absolutamente necesario–, se realizaba un **exorcismo** acompañado del **soplo sobre el rostro** (gesto de desprecio al diablo), y se les **imponía la mano** con una oración. A continuación, venía el **rito de la sal**. Comenzaba entonces una **preparación** de unas semanas, que venía a coincidir con la Cuaresma y que consistía en asambleas diarias de oración, escrutinios y exorcismos por parte del sacerdote. Aprendían el Símbolo y la oración del Señor (el Padrenuestro) que debían recitar de memoria el Sábado Santo y en la Vigilia de Pascua.

Llegamos así a la Vigilia que mantiene el **esquema de la *Traditio apostolica***, exceptuados los ritos que comentamos a continuación, de la mano de Ambrosio:

- La *apertio-effethá* (*De sacramentis*, 1, 2-3): un rito celebrado fuera del baptisterio, donde el obispo tocaba las orejas y la nariz del catecúmeno, con el fin de que se abriesen a su palabra y exhortaciones. Mientras cumplía el rito, repetía la palabra aramea (*effethá*), tal como lo hizo Jesús en la curación del sordomudo (Mc 7,34). Después el obispo **los conducía al baptisterio**, al que Ambrosio llama *regenerationis sacrarium* (*De sacramentis*, 4, 2) y que es abierto solemnemente en ese momento. Con esto se quería recrear la imagen del paraíso perdido al que se volvía, y otra más audaz, la del baptisterio como el seno materno de la Iglesia que iba a generar nuevos hijos.

- **Renuncia** a Satanás (vuelto a occidente) y **adhesión** a Cristo (volviéndose a oriente con la mirada fija). Seguía entonces el **baño bautismal**.

- **Lectura del texto del lavatorio de pies** de Jesús a los apóstoles en el cenáculo, y **actuación** del mismo por parte del obispo y los sacerdotes, a los recién bautizados (rito propio de Milán, Galia e Irlanda, pero que no existía en Roma, según san Ambrosio).

- **Unción con óleo** por el obispo, sin indicar ni el lugar, ni la fórmula, ni el tipo de óleo, ni si es con forma de cruz o de si se impone la(s) mano(s). Queda claro, sin embargo, que es un **sello espiritual** (*spiritale signaculum*) que perfeccionaba lo iniciado en el bautismo (*perfectio fiat*) y que **infundía el Espíritu septiforme** (*De sacramentis*, 3,8.10.)

- **Coronación** de los neófitos (en Siria) o cobertura de la cabeza con un paño (en Roma), para significar el sacerdocio real, como reminiscencia del atuendo de los sacerdotes del AT, según la Carta del diácono Juan.

No acaba de resolverse con claridad el sentido de la unción postbautismal. Una circunstancia agravante de esta situación fue la decisión en **Occidente** de reservar al **obispo** no solo la **consagración del crisma**, sino la misma **unción postbautismal**. La Carta del papa Inocencio I era tajante al respecto y vinculante para el futuro. El texto dice así:

> En cuanto a la consignación de los neófitos, está claro que no la puede hacer nadie más que el obispo. En efecto, aunque los presbíteros sean sacerdotes de segundo orden, no tienen su grado más alto, que es pontificado (*pontificatus apicem*). Que este ministerio (*pontificium*), el de consignar y el de dar el Espíritu Paráclito, solo compete a los obispos lo demuestra, no solo la costumbre de la Iglesia, sino también aquel pasaje de los Hechos de los Apóstoles donde se dice que Pedro y Juan fueron enviados a dar el Espíritu santo a los que habían sido ya bautizados (Hch 8,14-17) (DS 215).

La argumentación del papa se apoya en **tres pilares**: la **tradición**, la **Escritura** y la **conveniencia** en razón del sumo sacerdocio. Esta reserva no se dio en

Oriente ni en el rito hispano-mozárabe, donde los presbíteros estaban autorizados a presidir la iniciación cristiana. El **problema** lo tuvieron las iglesias parroquiales en Roma y en la Galia, donde los bautismos sin obispo hicieron retrasar esta unción. Era un paso en falso por una pendiente hacia la disgregación del rito. La **terminología** se hace eco de todo esto: como verbo (*confirmare*) lo encontramos en Ambrosio, pero lo asume también el Concilio de Riez (439) y como sustantivo (*confirmatio*) en la Homilía de Fausto de Riez (s. V-VI) y es aceptada en el mundo latino.

En general podemos decir que la *confirmatio* designa los ritos postbautismales del obispo: en **Oriente** se acentúa más la **unción** y el **don** del Espíritu; en **Occidente** prima la **imposición de manos** y el **efecto** en el hombre del don del Espíritu. De nuevo la influencia de Fausto de Riez se hará notar en la teología posterior, tal como se deduce de este texto clave:

> El Espíritu Santo…en el bautismo confiere la plenitud de la inocencia, en la confirmación otorga el aumento de la gracia; pues quienes deben pasar su vida en este mundo deben caminar en medio de enemigos invisibles y peligros. En el bautismo somos regenerados para la vida; después del bautismo somos confirmados para la lucha (*roboramur ad pugnam*); en el bautismo somos lavados; después del bautismo somos robustecidos (*roboramur*) (*Homilía de Pentecostés*: CCL 101,339).

2.2. Mistagogia y tipología, controversias y aclaraciones: la edad de oro de la Patrística

Los Padres de la Iglesia son **escritores cristianos** antiguos que reciben el legado de la iglesia apostólica en Oriente y en Occidente. Como es sabido, reúnen varias **características**: son **pastores** ejemplares de su comunidad, con una reconocida **santidad** de vida (muchos fueron además mártires) y una **recta doctrina** en sus enseñanzas. Sus comentarios a la Escritura son de una enorme profundidad y entre sus obras unas son polémicas contra los errores de sus contemporáneos, y otras tratados teológicos y espirituales, más o menos sistemáticos. Son **testigos y garantes** privilegiados de la **tradición viva** de la Iglesia.

> La Iglesia ha reconocido que el consenso patrístico unánime es una regla cierta para interpretar la Escritura (Concilio de Trento, DZ 786; Concilio Vaticano I, DZ 1788).

Suele caracterizarse la teología de algunos Padres del s. IV y V como una **teología mistagógica**. En la raíz de este adjetivo encontramos el verbo griego *myeo* (iniciar) que veíamos en el capítulo primero. Actualmente **mistagogía** es un término que designa principalmente la **catequesis** sobre los sacramentos después de su recepción y que destaca la profundidad espiritual de la celebración litúrgica, sobre todo en el ámbito de la iniciación cristiana. En la historia de la iniciación encontramos que, además de la catequesis a los catecúmenos, existía una **catequesis postbautismal o mistagógica** dirigida a los neófitos (derivado del griego *phyton* (planta): "plantados de nuevo"). De todas estas catequesis destacan en este periodo las de Cirilo de Jerusalén, Juan Crisóstomo, Teodoro de Mopsuestia y Gregorio de Nisa, en Oriente. Y entre los padres occidentales, las de Ambrosio de Milán y Agustín de Hipona.

La reflexión de los Padres no es ajena a los problemas de su tiempo; por ese motivo, **salen al paso** de las controversias y errores en la pastoral y en la comprensión de la doctrina y de la tradición. Baste como presentación el siguiente cuadro sinóptico donde exponemos los errores, sus argumentos y la sana doctrina, en relación a la iniciación cristiana.

CISMA/HEREJÍA	ERROR DOCTRINAL	PADRES QUE INTERVIENEN	SANA DOCTRINA
• Arrianos (Arrio, s. III-IV) • Pneumatómacos (s. IV)	• El Hijo es una criatura; solo existe un Dios único. • El Espíritu Santo es una criatura, casi no distinguible de los ángeles	• Atanasio de Alejandría • Basilio, Gregorio de Nisa, Nacianceno • Cirilo de Jerusalén	• La presencia y acción de cada una de las Personas Divinas. • Énfasis en el papel del Espíritu Santo en toda la teología.
• Donatistas (Donato, s. IV)	• Los sacramentos administrados por ministros pecadores son inválidos	• S. Agustín	• Intervienen en el sacramento (se inaugura la reflexión sobre el carácter sacramental): –la Trinidad –la fe del sujeto y la fe de la Iglesia –Persona del ministro
• Pelagianos (Pelagio, s. V)	• Doctrina sobre el pecado original: solo afectó a Adán. • Doctrina sobre la gracia	• Optato de Milevi • San Agustín	• La praxis antigua del bautismo de niños demuestra el error

Después de este marco general, presentamos la aportación de Cirilo de Jerusalén (Oriente) y de Agustín (Occidente), como paradigmas de cuanto se ha dicho.

2.3. Cirilo de Jerusalén (315a-387)

Las vicisitudes de la biografía de Cirilo, obispo de Jerusalén, y la cuestión de la autoría escrita de sus 24 **Catequesis** son objeto de otros tratados (Cfr. H. R. Drobner, *Manual de Patrología*, 323ss). La primera catequesis está dedicada a elogiar la importancia de la gracia bautismal. Es un texto que hace de pórtico a las 18 catequesis siguientes que explican el símbolo bautismal de la iglesia de Jerusalén a sus catecúmenos durante la cuaresma del año 348. Las cinco últimas son las llamadas **Mistagógicas**. Recordemos que no son una exposición dogmática y ordenada, sino práctica, de la que Cirilo extrae consecuencias morales y espirituales. Tienen el valor de ofrecernos datos de primera mano de los usos en la iglesia madre de Jerusalén.

Como reconoce Cirilo, en el **salmo 23** tenemos una **profecía** de la iniciación cristiana, una síntesis misteriosa de la sucesión de los tres sacramentos:

> **Salmo 23 [Vg 22]:**
> El Señor es mi pastor, nada me falta.
> En verdes prados me hace reposar; hacia aguas tranquilas me guía (…)
> Preparas una mesa para mí frente a mis adversarios.
> Unges con óleo mi cabeza, mi copa rebosa.

> **Catequesis de Cirilo:**
> "El bienaventurado David te da a conocer la virtud del sacramento (de la eucaristía) diciendo: Has preparado ante mí una mesa frente a quienes me persiguen. ¿Qué quiere indicar con esto sino la mesa sacramental y espiritual que Dios nos ha preparado? Has ungido mi cabeza con óleo. Ungió tu cabeza en la frente, mediante la *sphragis* [sello] de Dios, que recibiste para que lleves impresa la *sphragis*, signo de consagración a Dios. Y ves que se trata también del cáliz, sobre el cual Cristo dijo después de haber dado gracias: Éste es el cáliz de mi sangre" (*Catequesis mistagógica* 4, 33, 1101).

Probablemente este salmo lo conocían los bautizados de memoria, y era recitado en la procesión de entrada durante la noche pascual desde el baptisterio hasta el altar, donde participarían por primera vez de la Eucaristía. Es un texto de una riqueza enorme que ha inspirado la ornamentación de baptisterios y sarcófagos en la antigüedad: el buen Pastor con su cayado, las ovejas y los pastos…

Pero Cirilo supera en sus catequesis una visión meramente "decorativa" de los ritos de la iniciación. Al igual que otros autores de su tiempo (como san Basilio, *De Spiritu Sancto*, 15, 35ss. y Gregorio Nacianceno, *Oratio.* 40, 9), descubre en ellos el **tema paulino del bautismo en la muerte y resurrección de Cristo** (Rm 6): un drama divino acaecido en la historia con el que los cristianos entran en comunión a través de la celebración. Allí la pasión dolorosa (imagen) y aquí la salvación sin dolor (realidad), que se obtiene por participar en ese dolor (*Catequesis mistagógica* 2, 5). Por eso puede decir que el **bautismo es antitypon** de los sufrimientos de Cristo. Cuanto se realiza en los catecúmenos, bajo formas simbólicas, nos hace participar en la vida de Cristo de modo místico, de verdadera unión con Él. Debido a su formación en el platonismo, Cirilo no concibe que haya imitación o comunión sin que lo imitado o participado esté presente.

En cuanto a los restantes ritos, conecta con la **temática paulina** al interpretar dos ritos prebautismales. El **despojo** de las propias vestiduras por parte de los catecúmenos les hace renunciar al hombre viejo y asemejarse a la desnudez de Cristo en la cruz. La misma **procesión** por la que son llevados hasta la fuente bautismal está relacionada con el traslado de Cristo al sepulcro, de donde vuelven a resucitar y a renacer con Cristo (*Catequesis mistagógica* 2,2.4).

> El paso de la muerte a la vida es una victoria que justifica el tono festivo de los símbolos de la celebración bautismal. Resuena aquí la sabiduría del AT: "Anda y come tu pan con alegría, y bebe tu vino con buen corazón, que Dios ya se ha complacido en tus obras. Lleva siempre ropas blancas, y que no falte el perfume en tu cabeza" (Qo 9,7-8).

Una de las preguntas que se hace Cirilo es: ¿de dónde le viene al agua esta virtud tan poderosa? La respuesta le permite hablar de la **presencia del Espíritu Santo** que es invocado (*epíclesis*) sobre ella: "Mira este baño, no como agua normal, sino como gracia pneumáticamente otorgada con el agua. En efecto…, el agua clara y natural, cuando ha recibido la *epíclesis* (invocación) del Espíritu Santo y de Cristo y del Padre, [adquiere] virtud para santificar" (*Catequesis mistagógica* 3, 3). Este énfasis sobre el Espíritu puede verse también en su modo de hablar de un **óleo** particular **con bálsamo** y otras sustancias olorosas que bendice el obispo (llamado *crisma* en la tradición latina, *myron* en la oriental): los cristianos han sido ungidos con el *myron* –también consagrado con su respectiva *epíclesis*–, al que denomina "*antitypon* del Espíritu Santo" (*Catequesis mistagógica* 3, 1). Bajo esta unción subyace aquélla de los sacerdotes y reyes del AT (sombra), la que Cristo recibe en su bautismo con el descenso del Espíritu sobre Él (imagen). Cirilo quiere subrayar que los neófitos participan de la **unción sacerdotal, real y mesiánica de Cristo**.

Cirilo concibe el baño y la unción como un **rito completo** (bautismo) por el que alguien es hecho cristiano. Pero a su modo ha querido insistir en que no solo consiste en el perdón de los pecados, en una regeneración, sino también en una "**comunicación del don del Espíritu Santo**" (*Catequesis mistagógica* 2,6). La unción con el crisma culmina un proceso ya iniciado, pero algo independiente. A esta unción dedica toda una catequesis y no duda en llamar al rito completo *spraghis* (sello).

Con estos apuntes de la rica teología de Cirilo se empiezan a disolver algunas críticas de los herejes: tan **importante** es el papel del **Espíritu y la invocación de los nombres de la Trinidad**, que queda en un lugar muy secundario la condición moral del que bautiza (ministro).

2.4. Agustín de Hipona (354-430)

San Agustín recibió el bautismo en la Vigilia pascual del año 387 cuando contaba con 33 años. Aunque de niño había sido inscrito como catecúmeno y, por tanto, era considerado cristiano, abandonó la Iglesia en su adolescencia. Cuando entró en contacto con Ambrosio en Milán, retomó su preparación.

Como **teólogo y pastor** de su iglesia en el Norte de África, hizo frente a la controversia con los **donatistas** para aclarar las **condiciones** y la **eficacia** de los sacramentos. Años más tarde descubrió algunos rebrotes del **pelagianismo** y los combatió defendiendo la **necesidad del bautismo**, también para los niños. Es posible reconocer en sus escritos la huella de la teología africana (de Optato de Milevi y de Ticonio) y de las enseñanzas de Ambrosio. Sus tres obras clave sobre estas cuestiones son *Contra epistulam Parmeniani*, *De baptismo* y *De peccatorum meritis*. En ellas encontramos su respuesta al donatismo (del que ya se habló más arriba):

- La **eficacia** del sacramento **viene de Cristo** y no de quien bautiza. Quien bautiza es Cristo (cfr. Jn 1,33), aunque haya sido a través de Judas, el traidor (cfr. *In Iohan.* 5, 18).

- El bautismo imprime una **señal imborrable en el alma**, marcándole como propiedad del rebaño de Cristo (*Ep.* 185, 23). Así sucedía con la marca que recibían los soldados en su mano derecha; si se reincorporaban, aunque fuese después de desertar, no eran sellados de nuevo. Por tanto, aplicando esto a las circunstancias que vive Agustín, el bautismo de los donatistas es válido.

- Conviene **distinguir entre la validez y la fructuosidad** del bautismo (*De Baptismo* 4, 17, 24); hasta que no volvieran a la comunión con la Iglesia, los donatistas estaban bautizados válidamente, pero sin provecho espiritual.

Por su parte, el **pelagianismo** es una corriente herética que encierra una propuesta desenfocada sobre la libertad humana y la gracia de Dios. El ascetismo voluntarista que propugnaban sus seguidores no tenía en cuenta las heridas del pecado en el hombre. En la biografía de san Agustín encontramos un episodio que hizo reaccionar al celoso obispo de Hipona: a su paso por Cartago, un tal Celestio –seguidor de Pelagio– atacó la práctica apostólica de **bautizar a los niños**. Esto despertó la polémica y la intervención de Agustín. Podemos resumir en **cuatro puntos** sus afirmaciones al respecto:

- El **pecado original** alcanza a todos los hombres y la **necesidad del bautismo** es universal (de agua, de sangre o de deseo). Todo lo que ha nacido según la carne, tiene que renacer espiritualmente en el bautismo *De peccatorum meritis* 1, 21, 13-18).

- En el caso de la praxis antigua de bautizar a quienes no habían alcanzado el uso de razón, se ponían en juego **la fe** en acto de los **padres y padrinos**, la **eficacia** maternal de la **Iglesia** y el **poder del bautismo** como sacramento de la fe. Se trata de una visión eclesiológica que toma en serio la **comunión de los santos** (de la tierra y del cielo) y el don del Espíritu que alcanza a todo el cuerpo de la Iglesia. Cuando el bautizado llegue a la edad de la razón, entonces deberá creer personalmente y abstenerse de la concupiscencia (*De pecc. meritis* 1, 19, 25).

- La fe y el bautismo operan una **asimilación con la imagen de la muerte de Cristo** (Rm 6). Y el bautismo da la posibilidad de **participar** en el sacramento del altar. Esta conexión explica la feliz costumbre en Cartago de llamar "al bautismo, sencillamente, **salvación**, y al sacramento del cuerpo de Cristo lo denominan **vida**", porque sin ellos no es posible alcanzar ni la salvación ni la vida eterna (*De pecc. meritis* 1, 32, 61; 24, 34)

- Respecto a la **efusión del Espíritu** y el **bautismo** parece claro que en Agustín están **unidos** (*De Baptismo* 5, 20, 28). Cuando habla de los ritos postbautismales, menciona dos: "(…) *unctus est, imposita est ei manus*" (*Sermo* 324,1). A la **unción con el crisma** se le reconoce una **primera infusión** de la gracia, distinta a la **plena donación** de Espíritu reservada a la **imposición**

de manos. En efecto, para el obispo de Hipona si se omite este gesto no hay descenso del Espíritu (*Sermo* 266, 3-6). El problema en este punto es la existencia de textos de Agustín que hablan de una imposición de las manos repetible, como un gesto que acompaña a la oración de intercesión por cualquier persona (*De Baptismo* 3, 16,21); surge entonces la duda de si en el caso de la iniciación hablamos de una imposición especial o no. Podemos concluir que, a diferencia de la iglesia romana, en el Norte de África no hay conciencia de la esencialidad e irrepetibilidad de este gesto apostólico, en el contexto de la perfección del bautismo.

Ejercicio 1. Vocabulario

Identifica el significado de las siguientes palabras y expresiones usadas:

- cisma / herejía
- escrutinio
- mistagogia

- maniqueos
- pelagianos

Ejercicio 2. Guía de estudio

Contesta a las siguientes preguntas:

1. Principales elementos de la iniciación según la *Didaché*.
2. Las tres etapas del catecumenado y su finalidad, según Tertuliano.
3. Señala algunos nombres que recibe el bautismo y explícalos brevemente.
4. Testimonios sobre el bautismo de los niños en todo el periodo (s. II-V).
5. ¿Por qué es importante el Papa Inocencio I?
6. Enseñanzas más importantes de san Agustín sobre el bautismo.

Ejercicio 3. Comentario de texto

Del Sacramentario Gelasiano, 285.

Presentamos una oración sobre los "elegidos" que pasarán a ser catecúmenos con ocasión de un escrutinio. El Sacramentario Gelasiano es un libro litúrgico antiguo (s. VIII) con textos para las celebraciones que presidía un presbítero.

"Dios omnipotente y eterno, Padre de nuestro Señor Jesucristo: dígnate mirar sobre estos siervos tuyos, a los que te has dignado llamar a los rudimentos de la fe. Expulsa de ellos toda ceguera de corazón, rompe todos los lazos de Satanás con los que se han visto atados; ábreles, Señor, la puerta de tu piedad. Haz que, imbuidos del signo de tu sabiduría, se vean limpios del hedor de todas las pasiones y que, alegres por el suave olor de tus mandatos, te sirvan en la iglesia y saquen provecho de día en día para que se hagan idóneos para acceder a la gracia de recibir la medicina de tu bautismo. Por nuestro Señor Jesucristo."

TEMA 4

LA INICIACIÓN CRISTIANA EN LOS SIGLOS VI-XVI

Los dos últimos Padres de la Iglesia tanto de Occidente (Isidoro de Sevilla, 560-636) como de Oriente (Juan Damasceno, 650a-749) personifican bien la situación que vive la Iglesia. Por un lado, el deseo de recibir la herencia de la patrística con su sensibilidad litúrgica, el uso de la tipología, el acento histórico-salvífico y la coloración pneumatológica de sus escritos. Por otro, la vivencia real de la iniciación cristiana que presentaba puntos en común, pero que iba tomando derroteros distintos.

La Escolástica contribuyó a la clarificación del concepto de sacramento en cuanto signo de la gracia. Al aplicar su sistematización, saldrán a la luz los elementos fundamentales del sacramento del bautismo y de la confirmación. Este modo de estudiar los sacramentos ha sido asumido por el Magisterio y buena parte de la formación de los candidatos al sacerdocio.

SUMARIO

1. EL FINAL DE LA PATRÍSTICA · **2. LA ESCOLÁSTICA (S. XI-XIII).** 2.1. Caracterización del periodo. 2.2. Algunos teólogos destacados · **3. EL CONCILIO DE TRENTO.** 3.1. Principales afirmaciones de los protestantes sobre la iniciación. 3.2. La respuesta del Concilio de Trento (1545-1563).

En **Occidente** asistimos a un auge **del bautismo de niños** y una **decadencia** progresiva del **catecumenado de adultos**, hecha excepción del florecimiento de los s. VIII-IX con la conversión de algunos pueblos germánicos. En las parroquias rurales los niños eran bautizados por el párroco con el ritual que se empleaba para los adultos, **retrasando la imposición de las manos** hasta la futura visita del obispo. Si esto no sucedía, la celebración del bautismo culminaba con la **primera comunión**, praxis de la que se hacen eco algunos rituales de la época.

Los dos últimos Padres acometieron la labor de compendiar todo ese legado en sus dos obras más conocidas –*De ecclesiasticis officiis* de Isidoro, y *De fide orthodoxa* del Damasceno– y expusieron la situación que se vivía en sus respectivas iglesias. **Isidoro** materializa la **separación entre bautismo y confirmación** propia de Occidente, cuando dedica los caps. 26 y 27 al crisma y a la imposición de manos o confirmación, como entidad autónoma. **Juan Damasceno** testimonia el **orden patrístico de la iniciación** y la **importancia de la unción postbautismal** en la iglesia griega y en Oriente. La consagración del *myron* será fuente de inspiración para muchos comentarios y homilías de su tiempo. Ungir con el *myron* significaba poner en relación al neófito con la unción de reyes y sacerdotes del AT y, en especial, con la unción de Jesús en el Jordán.

Sobre la **confirmación en Occidente** podemos señalar varias aportaciones significativas. El don del Espíritu, aparte de su raíz en la unción del AT, se conecta con Pentecostés; pero fijándose más en el efecto –como es típico de la mentalidad occidental–, de forma que se abre paso la idea de un **sacramento** *ad robur* (para **fortalecer**), *ad pugnam* (para la **lucha**) o *ad predicandum aliis* (para la **predicación**), es decir, para el testimonio público con obras y palabras, que ha caracterizado buena parte de la teología posterior. De su **celebración autónoma** respecto al bautismo o a la Vigilia Pascual ya existen testimonios en el s. VIII (Cfr. *Sacramentario de Autun*) y podemos considerar su celebración como rito propio a partir del s. IX. Por su parte, el **bautismo** –nos referimos a **Occidente**– **se administra con urgencia** para asegurar la salvación personal.

2. La Escolástica (s. XI-XIII)

Por razones de brevedad y de eficacia pedagógica, presentamos dos grandes apartados: una caracterización del periodo (con su praxis celebrativa y pastoral, y la teología resultante) y los autores más representativos (Hugo de San Víctor, S. Buenaventura, Santo Tomás de Aquino y Nicolás Cabasilas).

2.1. Caracterización del periodo

Los procesos iniciados en la época carolingia (s. VIII-IX) cristalizan en la **Edad Media**, originando una situación bastante uniforme en la **praxis celebrativa-pastoral** y en la **teología** en **Occidente** (s. X-XIII). Se puede resumir en estos puntos esenciales: la generalización del **bautismo de niños**, con un claro descenso del número de adultos; la celebración de todos los **ritos bautismales en un solo día**; la **separación** entre el bautismo y la confirmación; la **respuesta a las herejías** del momento (cátaros y valdenses).

- El **bautismo de niños** se celebra **cualquier día del año**, en la propia parroquia y de forma privada, habitualmente al poco de nacer. El rito central (el baño bautismal) varía: hasta el s. XIV continúa la triple inmersión y, a partir del s. XV, se consolida el bautismo por infusión.

- La **confirmación** se **reserva** a la presencia del **obispo** en su visita pastoral, o bien se espera a que los padres acudan a la catedral. La edad del sujeto oscila entre los usos de Hispania y Portugal (entre los 1-5 años) y el resto de regiones (7 años). El **uso de razón** acabará por imponerse como la edad apropiada y no antes, sobre todo a partir del Concilio provincial de Colonia (1280). El gesto de la imposición de las manos por el obispo pierde su lugar entre los elementos esenciales, en parte por la comprensión teológica de algunos autores.

- La aparición de la herejía de los **cátaros y albigenses** (s. XII-XIII) así como la de los **valdenses** (s. XII hasta nuestros días) supone una toma de postura por parte del magisterio de los pastores. Las resoluciones del **II Concilio de Letrán** (1139), las cartas del Papa **Inocencio III** (1161-1216) y, más adelante, las profesiones de fe del **Concilio de Florencia** (1439) darán una sólida respuesta a tales desviaciones.

  Las herejías mencionadas pueden englobarse bajo el mismo título de movimientos heréticos a favor de una iglesia pobre e itinerante, con un desprecio radical del mundo. Con el nombre de *cátaros* se designa en la Edad Media a una herejía dualista, de procedencia oriental, que se asienta en Occidente (sobre todo Francia). Los *albigenses* son un grupo dentro de los cátaros que se hizo fuerte en la ciudad de Albi. Su respuesta al problema del mal en el mundo y la dura crítica a una jerarquía eclesiástica "mundanizada" termina en el rechazo de los sacramentos (sobre todo el bautismo, la eucaristía y el matrimonio), de la doctrina sobre el Purgatorio, y de la minusvaloración del Antiguo Testamento. Promueven entre sus seguidores una dura ascesis para liberarse del cuerpo y una explicación dualista.

Los *valdenses* son los seguidores de Pedro Valdés, predicador itinerante en la diócesis de Lyon, considerado un precursor de la Reforma protestante. Su conversión a una vida de pobreza radical despertó la admiración de algunos pastores de la Iglesia; pero su escasa formación teológica, así como su actitud hacia la jerarquía eclesiástica le condujeron a sumarse a los errores de los cátaros y, andando el tiempo, a acercarse a las tesis de los calvinistas. Fueron condenados por el Papa Lucio III.

Las respuestas del magisterio condenaron los errores y defendieron la necesidad del bautismo de niños y su efecto inmediato (la remisión de los pecados), y la sacramentalidad de la confirmación. Como es sabido, la doctrina sacramental de santo Tomás de Aquino (su opúsculo *De articulis fidei et Ecclesiae sacramentis*, 1261-1264) está en la base de las enseñanzas del Concilio de Florencia.

La **teología**, por su parte, alcanzó una notable **evolución** en estos siglos, desde la teología de inspiración monástica (s. X-XII) a la teología de las *Summae* en la Alta Escolástica (s. XII-XIII). De la mano de Aristóteles y de la tradición patrística (especialmente san Agustín), la teología presenta y expone con rigor las cuestiones. Se pueden sintetizar los **principios sobre la teología de los sacramentos** en los siguientes puntos:

- La inclusión del **bautismo** y la **confirmación** en el **septenario sacramental** trae consigo un conjunto de preguntas: la **institución** por parte de Cristo, su **eficacia** en relación a la Pasión, el papel de la **Iglesia** y la actividad de la **Trinidad** como causa principal.

- Frente a las herejías del momento, la **necesidad del bautismo** (de precepto o de medio) y la reflexión sobre los **sustitutivos** del bautismo sacramental de agua (de **sangre** y de **deseo**). Sobre el **bautismo de los niños y su salvación** registramos **tres posturas**: el **pesimismo** agustiniano (no se salvan), la doctrina teológica del **limbo** (recientemente revisada: ver abajo) y el **optimismo** de la línea **tomista** (se salvan por la fe de sus padres).

  El documento sobre el limbo: "La esperanza de salvación para los niños que mueren sin el bautismo", preparado por la Comisión Teológica Internacional y aprobado por Benedicto XVI el 19 de abril de 2007.

- La explicación de la realidad del sacramento a partir de las causas aristotélicas para distinguir la **materia** (próxima o remota), la **forma** y la articulación del **efecto** (*res tantum*), del **signo exterior** (*sacramentum tantum*) y del **efecto intermedio** (*res et sacramentum*).

- La **relación** de la **fe** y la **celebración sacramental**: la fe de la Iglesia, del ministro, de los padres y padrinos respecto al infante que va recibir el sacramento, y la misma celebración como profesión de fe.

- Las **condiciones** y el **papel** del sujeto (edad, discernimiento, fe…) y del ministro (ordinario o extraordinario, su intención, la naturaleza de su potestad…) para la **validez y fructuosidad** del sacramento.

- La **distinción y mutua dependencia entre el bautismo y la confirmación** a partir de sus efectos en general (sobre todo a partir del s. XIII), o del carácter en particular. Algunos cifran la especificidad de la confirmación en su dimensión profética (testimonio público de la fe) y ascética (de fortalecimiento para la lucha contra los enemigos externos e internos).

2.2. Algunos teólogos destacados

a. **Hugo de san Víctor** (1096-1141). Su principal obra *De sacramentis christianae fidei* es un primer intento de explicar el bautismo en el contexto de la **teología sistemática**.

Atestigua la **triple inmersión** en el rito con la fórmula trinitaria (Mt 28) y su neto simbolismo cristológico (consepultados con Él en el sepulcro, Rm 6). A la **triple confesión** de fe añade una **explicación moral**: cada inmersión es una purificación progresiva de la inteligencia, las palabras (*locutionis*) y las obras (*operatio*). La **unción con el crisma** reviste para él una importancia esencial, pues convierte al neófito en partícipe del Espíritu de Cristo y, desde ese momento, puede ser llamado cristiano y, por ello, coheredero del Reino y de la gloria. La **capacidad** de limpiar y de santificar **del agua** bautismal obedece, sobre todo, a la proclamación del nombre de Dios, a la Pasión de Cristo o a la virtud del Dios santificante. Al **ministro**, por su parte, se le exige una fe de adhesión interna en el momento de proferir la fórmula bautismal.

A la pregunta típicamente escolástica de cuál de los dos sacramentos tiene preeminencia afirma: "Ambos son grandes…y ambos están tan unidos en relación a obrar la salvación, que, de no haber peligro de muerte en su retraso, en ninguna circunstancia deben separarse" (cap. 4).

b. **San Buenaventura** (1221-1274), de la escuela franciscana, en su obra *Breviloquium*, desarrolla el tema de la absoluta **necesidad de la fe** para recibir todos los sacramentos, máxime el que es considerado primero y puerta de los demás. Pero la fe no es primeramente la del sujeto (tantas veces un infante), sino **la de la Iglesia** que confía en la Palabra de Dios y en su promesa, y que la pone en acto a través de la acción de su ministro (de su intención). La misma **celebración bautismal** es una **profesión de fe**: la fórmula y el gesto de inmersión son, respectivamente, una confesión en la Trinidad y en la Pasión de Cristo.

Su interés por los **efectos** del bautismo es claro. El principal es el "**nuevo nacimiento**" y el "**carácter**" que traen consigo una purificación radical (de toda culpa, pena o desorden) y una rectificación de la propia vida (mediante la infusión de las virtudes teologales y cardinales). En este nuevo estado del neófito, no obstante, persisten aún la muerte y la concupiscencia.

> En otros momentos explica que los sacramentos son órganos vitales de la Iglesia. Con el bautismo se alcanzan dos fines (o efectos): sanar las consecuencias del pecado original (bautismo como *medicamentum*) y fomentar la vida de la gracia (bautismo como *ianua* (puerta) *sacramentorum*).

c. **Santo Tomás de Aquino** (1225-1274) es el autor más influyente en el magisterio posterior sobre los sacramentos. Sintetizar su pensamiento no es tarea fácil. Solo presentamos algunas **ideas originales** suyas, dejando otras afirmaciones para la exposición sistemática de este manual.

Sus dos obras más importantes sobre el bautismo y la confirmación son: la *Suma de Teología*, en su tercera Parte, en las cuestiones 66-71; y el opúsculo ya mencionado *De articulis fidei*. Su modo de entender cada uno de los sacramentos toma pie de la **analogía entre la vida natural y la vida espiritual**: al nacimiento (bautismo) le sigue el crecimiento y la madurez (confirmación) [*S. Th*. III, q. 72 a.1]. Esta nueva vida es inaugurada por la **presencia activa del Espíritu Santo** que conduce después al confirmado a convertirse en cristiano perfecto, no en sentido moral, sino **ontológico**.

Su presentación sobre el bautismo gira en torno a varias cuestiones, que se pueden agrupar así:

• *Naturaleza y el ministro*

Santo Tomás explica los sacramentos según el **esquema** que ha heredado, distinguiendo su **signo exterior** (el baño de agua con la invocación de la Trinidad), el **efecto intermedio** (el carácter o conformación permanente con Cristo sacerdote) y el **efecto** (la justificación interior, la regeneración).

La **institución** del bautismo está ligada al bautismo de Cristo en el Jordán, pero recibe su **eficacia** –como los demás sacramentos– de la causa meritoria, es decir, de la pascua de Cristo (Pasión-Muerte-Resurrección) [q. 66, a.2]. Su celebración por parte de la Iglesia obedece a la **voluntad de Jesús** de que se invoque a la Trinidad [q.66, a.6], con un papel especial del Espíritu [q.66, a.10], y con la neta distinción entre el sujeto de la salvación o **causa principal** (la Trinidad) y la **causa instrumental** (el ministro). Este último puede ser no solo el **sacerdote o diácono**, sino **cualquier cristiano** e incluso **cualquier persona**, vista la necesidad del bautismo para la salvación: "el bautizante presta solo un servicio externo; es Cristo quien bautiza interiormente, y puede utilizar a cualquier persona para lo que quiera" (q.67, a.5, ad 1).

> Señalamos algunos matices sobre la celebración, según Santo Tomás: la fórmula bautismal debe ser necesariamente trinitaria: el bautismo en el nombre de Jesús –sostiene– fue una excepción en la comunidad primitiva. Además, el modo de bautizar puede ser variable: por inmersión, infusión o aspersión, sabiendo, no obstante, que la primera forma es más expresiva del prototipo al que mira (la sepultura de Cristo, q.66, a.7). No se habla ni del número de inmersiones ni de otros particulares (q.66, a.8).

• *Tipos de bautismo*

Recogiendo la enseñanza de los Padres, distingue **cuatro tipos de bautismo** (donde siempre actúa el Espíritu) que producen el mismo efecto, cada uno con su particularidad propia: **de agua, de sangre, de penitencia y de deseo**. El primero es llamado sacramento verdadero y propio frente a los restantes. El de sangre o martirio es superior a todos los demás en razón de la conformación del mártir con la pasión de Cristo y la caridad que expresa. Por el bautismo de penitencia el corazón del hombre "es impulsado por el Espíritu Santo a creer y a amar a Dios y a la penitencia de sus pecados" (q.66, a.11). El bautismo de deseo es el del catecúmeno sorprendido por la muerte y que no ha sido bautizado con agua: su deseo puede salvarlo, pues procede de la fe que florece en la caridad. Este bautismo, sin embargo, no permite entrar directamente a la vida eterna, sino que antes es necesario que expíe por los pecados personales.

> Hay un quinto tipo de bautismo que tampoco es sacramento de la Nueva Ley: la circuncisión judía, con todo su contenido espiritual (alianza, derramamiento de sangre, compromiso para vivir la Ley) obtenía su eficacia en cuanto era signo de la fe en la futura Pasión de Cristo (q.70, a.1, ad 2).

• *Sujeto del bautismo*

Para que el **sacramento** sea **fructuoso** es necesario que el sujeto esté bien dispuesto, con penitencia interior, con voluntad de no volver a pecar y con la fe (todavía imperfecta) que le empuja a pedir el sacramento. La recepción del sacramento traerá consigo el **don de la fe**.

El **caso de los niños** (incapaces de creer) también ocupa un lugar en su trata-do. Con un razonamiento teológico llega a afirmar que, si los niños pueden **contraer** el **pecado original** a causa de Adán, con mayor razón pueden **recibir** la **gracia a causa de Cristo**, que ha satisfecho sobreabundantemente por noso-tros (q.68, a.9). La fe y la intención son solo medios que establecen, en cierto sentido, la unión con Cristo, cuya virtud actúa en el sacramento precisamente a través de la celebración misma: por eso llama a la fórmula bautismal *"verbum fidei"* y al acto de bautizar, acto que reemplaza a la fe.

> Descubrimos en estos razonamientos una sana antropología: lo propio del niño es no ser aún autónomo, sino miembro, en cierto modo, de sus padres, sobre todo de su madre que lo alimenta. Por eso en el lugar donde debería estar la intención o la propia fe del niño suple la fe de los padres y de la Iglesia que los acoge.

• *Los efectos*

En la q. 69 se expresa con belleza la primacía de la obra salvífica de Cristo al que se incorpora el bautizando: "Cada bautizado recibe **participación** en la pasión de Cristo como medio de salvación, como si él mismo hubiera pa-decido y él mismo hubiera muerto" (a.2). Desde aquí **se derivan los demás efectos**, ya conocidos, que trataremos en la Parte Sistemática.

d. **Nicolás Cabasilas** (c. 1320-c. 1398). Su principal obra sobre nuestra ma-teria es *La vida en Cristo* (c. 1360-1370), donde plantea la vida cristiana de los laicos no inspirada en el ideal monástico, sino en la espiritualidad sa-cramental. A los sacramentos de la iniciación cristiana dedica los cuatro primeros libros de esta obra. A través de una vida de ascesis y de la mística (unión) sacramental-eclesial, el creyente es conducido a su **transformación en Cristo gracias a los "Santos Misterios"** (nombre que reciben los sa-cramentos). Su celebración nos comunica y hace partícipes del misterio pascual de Cristo, por la comunión "con la carne divina y divinizante" del Hijo encarnado, dirá Cabasilas.

En cuanto a la terminología, piensa que **"unción" e "imposición de las ma-nos" son intercambiables**, pues reciben la misma denominación (se dice "Or-denación" o bien "Unción sacerdotal"), y la tradición así lo recoge (la Iglesia ha querido ungir a los reyes e imponer las manos a los sacerdotes con el mis-mo efecto: recibir el Espítitu Santo).

Respecto a los **frutos de la unción** en los cristianos, reconoce que no siempre se dan, bien por falta de consciencia (corta edad) o por mala conciencia (falta de fervor o pecados). Pero tras el arrepentimiento vienen los frutos y los efec-tos de los sacramentos siempre conducen a la práctica de las buenas obras propias de los hijos, "bajo el impulso de Dios"; porque el Espíritu Santo es Espíritu de filiación.

3. El Concilio de Trento

Como es sabido, la Reforma protestante y algunos exponentes del Humanismo se opusieron a la Iglesia a distintos niveles. **Lutero** encabeza a otros autores –**Zuinglio** y **Calvino**– para plantear una revisión de la doctrina de la Iglesia. Frente al método y a las perspectivas de la teología escolástica, mostró serias reticencias, acusándola de una peligrosa transformación conceptual por asumir la filosofía aristotélica, con el consiguiente abandono de su naturaleza bíblica y dinámica.

En el caso de la iniciación cristiana la **confrontación** fue más **serena**, gracias al **acuerdo** sobre el bautismo de niños y adultos, entre las principales iglesias protestantes y la Católica. Y la doctrina, de hecho, apenas varió. El Concilio de Trento se vio obligado a pronunciarse en esta materia solo cuando lo exigía los **errores** protestantes en otros ámbitos de la discusión (la justificación, la moralidad del ministro…). Ambos, católicos y protestantes, se involucraron en los **estudios históricos** sobre la tradición de la iglesia primitiva para poder probar sus argumentos. Con el paso del tiempo, especialmente en los s. XIX-XX, estos estudios de fuentes enriquecieron el trabajo teológico.

3.1. Principales afirmaciones de los protestantes sobre la iniciación

a. Aceptación del bautismo como **sacramento** (**sin que imprima carácter**), y **negación de la sacramentalidad de la confirmación**.

• **Lutero** (1483-1546): el bautismo mira a la eucaristía y la hace posible. Subrayó la importancia de la Palabra de Dios, de la que el agua recibe su poder. El bautismo es un signo de autenticidad que asegura al creyente el don divino que recibe. Su efecto principal es el perdón de los pecados, entendido más como una **muerte** que como un **lavado**.

• **Zuinglio** (1484-1531): con ideas más radicales, redujo el bautismo a un acto exterior y social. No causa la gracia, sino que es un testimonio, es decir, da certeza a la Iglesia de la fe del creyente. **No es necesario** para la salvación ni perdona el pecado original.

• **Calvino** (1509-1564): el bautismo es un **indicio o promesa** de la acción salvífica de Cristo que fortalece nuestra fe, sella la conciencia para confiar en la benevolencia divina, y da testimonio de quién es Dios para nosotros. No está conectado con la acción salvífica de Cristo. Es un rito solemne de admisión a la comunidad. Calvino tampoco distingue el bautismo de Juan y el bautismo cristiano.

b. Aceptación y justificación del **bautismo de niños**.

- **Lutero**: ve en los niños una fe dormida que procede del bautismo.

- **Zuinglio**: los niños son bautizados para dar testimonio de pertenencia a la Iglesia. Por la fe de sus padres y por un modo peculiar de leer tipológicamente el AT, acepta esta praxis.

- **Calvino**: recupera con Zuinglio la tipología de la circuncisión para justificar la praxis; y siguiendo a Lutero, dice: "Los niños son bautizados con vistas a su futura pertenencia y a su futura fe" (Inst. IV, 16-20).

c. Componen sus **propios rituales** del bautismo, de acuerdo con los principios que defienden.

- En 1523, **Lutero** compone su *Taufbüchlein*: con ritos muy simplificados y todo en alemán (no en latín).

- En 1525, **Zuinglio** publica el *Ordnung*, articulado en torno a la Palabra.

- En 1543, **Calvino** compone su ritual como admisión solemne a la comunidad.

3.2. La respuesta del Concilio de Trento (1545-1563)

El 17 de enero de 1547 se leían en el aula conciliar las principales tesis protestantes que, en defensa de la fe ortodoxa, los Padres estaban llamados a condenar. El Concilio trató específicamente de los **sacramentos**, y en particular de los tres de la **iniciación**, en su sesión VII (1547). Allí emanó 14 cánones sobre el bautismo y 3 sobre la confirmación, de los que presentamos abajo una síntesis [Oñatibia: pp. 84-85]:

> Como se dijo antes, hubo otras sesiones del Concilio que tocaban temas relacionados con las cuestiones sacramentales. Así, por ejemplo, en la sesión V cuando se habló del pecado original (1546); en la sesión VI sobre la justificación (1547) y en la sesión XIV al hablar de la penitencia (1551). El lector deberá refrescar esta doctrina para poder hacerse cargo de lo que estaba en juego en los cánones específicos sobre los sacramentos [cfr. Rico Pavés, 324-332].

- El bautismo y la confirmación son **verdaderos sacramentos**; el bautismo cristiano es superior al de Juan. La confirmación no es ceremonia superflua ni simple catequesis.

- El bautismo y la penitencia son dos **sacramentos distintos** por su materia, forma, ministro y frutos que se alcanzan.

- Es **necesario** el bautismo para la salvación, como único remedio para el pecado de origen y como causa instrumental de la justificación. **Los niños deben recibirlo**. Existe un **bautismo de deseo**.

- Para recibir **válidamente** el sacramento se pide al sujeto la **fe**, el **arrepentimiento** y **rechazo** de sus pecados personales, la **esperanza**, el **deseo** del sacramento y el **propósito** de llevar una vida nueva.

- El **ministro** debe tener la **intención** al menos de hacer lo que hace la Iglesia para conferir válidamente el bautismo. El bautismo de los herejes también es válido. El **ministro** ordinario de la **confirmación** es únicamente el **obispo**.

- La **eficacia** del bautismo es *ex opere operato*.

- Los **efectos** del bautismo son la supresión del pecado original, pero no la concupiscencia; borra los pecados personales actuales y condona todas las penas temporales debidas por ellos. Asimismo, el hombre es renovado y justificado, convertido en hijo adoptivo de Dios, incorporado a Cristo, hecho amigo de Dios. También confiere las virtudes teologales.

- El bautismo es la **puerta de entrada** en la Iglesia; hace miembros del Cuerpo de Cristo; somete a los bautizados a las leyes de la Iglesia.

- **Bautismo y confirmación imprimen carácter en el alma**, una señal espiritual e indeleble que impide su reiteración.

Las declaraciones del Concilio están condicionadas por los errores doctrinales antes referidos y por las afirmaciones del *Decreto pro Armeniis* del Concilio de Florencia. A pesar de su formulación en forma de condena, representan un **cuerpo doctrinal completo y autorizado**, punto de referencia para los teólogos católicos a partir de entonces. Además de estas sesiones, Pío V emanó una Profesión de fe en 1564, cuyo texto final recoge una síntesis de lo arriba apuntado. De igual modo, el *Catecismo para párrocos* (1566) ayudó a los pastores y al pueblo cristiano a conocer la recta doctrina.

Después de Trento todavía quedaron **sin respuesta hasta casi el Vaticano II** cuestiones de enorme interés: el nexo entre fe-bautismo-vida, la relación entre el bautismo de niños y adultos, la continuidad entre bautismo y misión, así como la relación entre Palabra de Dios y sacramento, el carácter escatológico del bautismo, el conocimiento de los fundamentos bíblico-litúrgicos y patrísticos de ambos sacramentos…por mencionar algunas.

Ejercicio 1. Vocabulario

Identifica el significado de las siguientes palabras y expresiones usadas:

- cátaros y valdenses
- *res tantum*
- *sacramentum tantum*
- *res et sacramentum*
- eficacia *ex opere operato*

Ejercicio 2. Guía de estudio

Contesta a las siguientes preguntas:

1. Describir la situación pastoral de la iniciación en los s. X-XIII en Occidente.
2. La atomización del sacramento de la confirmación al final de la Patrística.
3. Características de la teología escolástica sobre los sacramentos.
4. Aportaciones sobre la iniciación en el pensamiento de Hugo de san Víctor y de san Buenaventura.
5. Naturaleza del bautismo, según santo Tomás.
6. Tipos de bautismo, según santo Tomás.
7. Principales afirmaciones de los reformadores sobre la iniciación.
8. La respuesta del Concilio de Trento al respecto.

Ejercicio 3. Comentario de texto

Tomás de Aquino, Suma contra los gentiles

En el libro 4, capítulo 60 de esta obra, santo Tomás habla brevemente sobre la confirmación en un contexto de lucha, con claros parecidos con la vida militar:

"La perfección de la fortaleza espiritual consiste propiamente en que el hombre se atreva a confesar la fe de Cristo ante cualquiera y no decline esta actitud por ninguna confusión o terror, pues la fortaleza rechaza el temor desordenado. Luego el sacramento que confiere la fortaleza espiritual al regenerado le convierte de algún modo en defensor de la fe de Cristo. Y como los que luchan a las órdenes de un príncipe llevan su insignia, quienes reciben este sacramento de la confirmación son marcados con el sello de Cristo, es decir, con el signo de la cruz, con el que luchó y venció. –Y reciben este signo en la frente, como prueba de que no se avergüenzan de confesar públicamente la fe de Cristo. Y esta señal se hace con una mezcla de aceite y de bálsamo, que se llama justificadamente crisma. Porque por el aceite se designa la virtud del Espíritu Santo, por el cual Cristo se llama también el 'Ungido', para que así por Cristo se llamen 'cristianos', como militando a sus órdenes. Mas en el bálsamo, por su fragancia, se indica la buena fama, que es necesario tengan quienes alternan con los del mundo, para confesar públicamente la fe de Cristo, como lanzados al campo de batalla desde los senos recónditos de la iglesia.

Convenientemente también, este sacramento solo es conferido por los pontífices, que son en cierto sentido los conductores del ejército cristiano, pues también en la milicia secular pertenece al jefe la elección de algunos para agregarlos al ejército; y así, quienes reciben este sacramento se consideran en cierto modo como adscritos a la milicia espiritual. Por eso también se les imponen las manos, para significar la transmisión del poder de Cristo."

TEMA 5

DEL CONCILIO DE TRENTO A NUESTROS DÍAS

La situación de la iniciación cristiana en este largo periodo (ss. XVI-XX) puede sintetizarse en una sentencia general, que procuraremos matizar: cierto inmovilismo en la doctrina sacramental y en la praxis litúrgico-pastoral. En efecto, debemos distinguir una primera etapa donde la teología está alineada con la recta doctrina del Concilio (s. XVI-mediados s. XIX) frente a los errores protestantes. Y una segunda etapa de restauración y renovación, que culmina en el Vaticano II y su reforma (s. XIX-XX).

1.1. Primera etapa. Rasgos de la praxis pastoral y litúrgica y de la teología del momento

- Trento fue un concilio que quiso implantarse en la vida de la Iglesia real. La edición de algunos libros clave para nuestro tema (*Pontifical Romano* de 1595 y *Ritual Romano* de 1614) supusieron una **unificación litúrgica** que chocaba con la situación real de las misiones en América Latina, Asia y África, o bien con la pastoral de diócesis cada vez más extensas y no siempre bien gobernadas por sus pastores. No obstante, el **Ritual de Trento** no fue obligatorio, de modo que cada diócesis conservó sus libros litúrgicos durante un tiempo. El Ritual del Concilio presentaba **dos ritos**, uno para niños y otro para adultos, donde el primero era una simplificación del segundo, y que ha estado vigente hasta el Vaticano II en Occidente.

- Había una clara **preeminencia del bautismo de niños** y una celebración separada de los sacramentos de iniciación en la Iglesia latina. Hubo intentos fallidos de recuperar el catecumenado por etapas.

- La **confirmación** tuvo escasa atención por parte de algunos pastores; la **edad** para recibir el sacramento variaba mucho según las zonas: al poco de nacer, no antes de los 7 años, ya adultos; de modo que había gente que no llegaba a recibirlo.

- El *Catecismo Romano* de Trento (1586) y la instauración del catecismo para niños ayudó a paliar la ignorancia religiosa. Por el contrario, muchos teólogos de oficio no supieron ir más allá del texto magisterial en su reflexión, de modo que todavía el **pecado original** teñía toda la **teología bautismal**. Asimismo, la **teología de la confirmación** no abandonaba el **énfasis moralizante** que había heredado: era el sacramento de la ratificación pública de la fe y de compromiso de fidelidad a la verdadera religión, donde el don del Espíritu robustecía al candidato al final de una larga preparación catequética.

- La teología prestó **poca atención a las fuentes bíblicas y patrísticas** durante los ss. XVI-XVII; después asistiremos a un cambio saludable de tendencia. De todos modos, las dos formas de hacer teología (la sistemática y la positiva, a partir de las fuentes) no acabaron de integrarse adecuadamente hasta el s. XIX.

- El siglo XX está marcado intelectualmente por el **Movimiento litúrgico, patrístico y de renovación de la teología** (años 50) en el campo eclesial. El auge de algunas corrientes filosóficas, como la fenomenología, o el personalismo, tuvieron en esto su papel. Su influencia se ha visto reflejada en el modo de hacer teología a partir de las fuentes (no solo bíblicas, sino también patrísticas y litúrgicas), en el redescubrimiento de la dimensión ética y político-social del cristiano y en el abandono del esquema que insiste sobre todo en la liberación del pecado original, a favor de un **énfasis mayor en la dimensión histórico salvífica** (la acción de Dios en cada sacramento por Cristo en el Espíritu) y eclesial.

- En la praxis pastoral **se recupera el catecumenado** por etapas. Se anima desde la Santa Sede a mantener el orden de los sacramentos de iniciación (1930).

- Se insiste en la edad del **uso de razón para recibir la comunión** (Decreto *Quam singulari*, del Papa Pío X) **y la confirmación** (CIC de 1917).

- La **situación de hecho** es que muchos recibían el sacramento de la penitencia y de la primera comunión antes que la confirmación. Además, la **edad** para recibir la **confirmación** en la iglesia latina occidental varió mucho (desde los 7 años, 12, pubertad, juventud…madurez). Reciben primero la comunión y después se buscan justificaciones históricas y teológicas de tal praxis.

- El Concilio Vaticano II se hace cargo de esta situación general y de los deseos expresados por el Movimiento litúrgico, tal como veremos en el siguiente apartado.

2. La iniciación cristiana a partir del Concilio Vaticano II

2.1. Principales afirmaciones del magisterio

El Concilio Vaticano II (1962-1965) ha sido, desde muchos puntos de vista, un evento eclesial de enorme relevancia. Estableció los principios de la **promoción y reforma de la liturgia** en general, **y de la iniciación cristiana** en particular. Un recorrido por las principales afirmaciones conciliares nos permite tener una visión de conjunto.

El primer documento es la Constitución sobre la liturgia *Sacrosanctum concilium* (1963). El Vaticano II busca restablecer el **catecumenado de adultos** por etapas o grados (SC n. 64) y revisar su **rito bautismal** (SC n. 66), así como el del bautismo de niños (SC n. 67). En cuanto a la **confirmación**, el texto pide también la **revisión del rito** para que sea más clara su conexión –vista su andadura histórica en occidente– con toda la iniciación (SC n. 71).

El Decreto *Ad Gentes* sobre la actividad misionera de la Iglesia (1965), en su n. 14 (del que tratábamos en la introducción de este libro) describe así la **naturaleza del catecumenado** que recupera la tradición de los Padres:

> "Los que han recibido de Dios, por medio de la Iglesia, la fe en Cristo, sean admitidos con ceremonias religiosas al catecumenado; que no es una mera exposición de dogmas y preceptos, sino una formación y noviciado convenientemente prolongado de la vida cristiana, en que los discípulos se unen con Cristo su Maestro. Iníciense, pues, los catecúmenos convenientemente en el misterio de la salvación, en el ejercicio de las costumbres evangélicas y en los ritos sagrados que han de celebrarse en los tiempos sucesivos, introdúzcanse en la vida de fe, de la liturgia y de la caridad del Pueblo de Dios. (…)
>
> Esta iniciación cristiana durante el catecumenado no deben procurarla solamente los catequistas y sacerdotes, sino toda la comunidad de los fieles, y en modo especial los padrinos, de suerte que sientan los catecúmenos, ya desde el principio, que pertenecen al Pueblo de Dios. Y como la vida de la Iglesia es apostólica, los catecúmenos han de aprender también a cooperar activamente en la evangelización y edificación de la Iglesia con el testimonio de la vida y la profesión de la fe".

La **perspectiva eclesiológica de la iniciación** tiene su lugar en la Constitución dogmática *Lumen gentium* (1964). Tales sacramentos se fundamentan en el sacerdocio común-bautismal (§1), expresan el carácter sagrado del pueblo sacerdotal que forman los cristianos y se entienden en la perspectiva de la llamada universal a la santidad (§3):

> "Los fieles, incorporados a la Iglesia por el bautismo, quedan destinados por el carácter al culto de la religión cristiana, y, regenerados como hijos de Dios, están obligados a confesar delante de los hombres la fe que recibieron de Dios mediante la Iglesia. Por el sacramento de la confirmación se vinculan más estrechamente a la Iglesia, se enriquecen con una fuerza especial del Espíritu Santo, y con ello quedan obligados más estrictamente a difundir y defender la fe, como verdaderos testigos de Cristo, por la palabra juntamente con las obras. Participando del sacrificio eucarístico, fuente y cumbre de toda la vida cristiana, ofrecen a Dios la Víctima divina y se ofrecen a sí mismos juntamente con ella. Y así, sea por la

oblación o sea por la sagrada comunión, todos tienen en la celebración litúrgica una parte propia, no confusamente, sino cada uno de modo distinto. Más aún, confortados con el cuerpo de Cristo en la sagrada liturgia eucarística, muestran de un modo concreto la unidad del Pueblo de Dios, significada con propiedad y maravillosamente realizada por este augustísimo sacramento.

(…)

Todos los fieles, cristianos, de cualquier condición y estado, fortalecidos con tantos y tan poderosos medios de salvación, son llamados por el Señor, cada uno por su camino, a la perfección de aquella santidad con la que es perfecto el mismo Padre" (n. 11).

Por último, el *Catecismo de la Iglesia Católica* (1992). A los 30 años de la apertura del Vaticano II vio la luz esta preciosa síntesis que puede ser considerada "regla segura para la enseñanza de la fe y como instrumento válido y legítimo al servicio de la comunión eclesial" (Constitución apostólica *Fidei depositum*, n. 4), un verdadero asentamiento y desarrollo de la doctrina conciliar.

La Segunda sección de la IIª Parte (La celebración del misterio cristiano) se ocupa de los sacramentos de la Iglesia y, en su primer capítulo, dedica un artículo a cada uno de los sacramentos de la iniciación. Presentamos con brevedad los números dedicados al bautismo (nn. 1213-1284) y a la confirmación (nn. 1285-1321); en el cap. 6 de este manual desarrollaremos más esta doctrina, y en el cap. 7 abordaremos la Eucaristía en cuanto culmen de la iniciación.

El **bautismo** se presenta como "**fundamento**" y "**pórtico**" de la vida cristiana y de los demás sacramentos, **prefigurado y realizado** en los distintos momentos de la historia de la salvación: en la Antigua Alianza (nn. 1217-1222), realizado en el bautismo de Cristo en el Jordán y en su Pascua (nn. 1223-1225), y por eso celebrado en la Iglesia a lo largo de los siglos (nn. 1226-1228). El énfasis del *Catecismo* en el **aspecto celebrativo y vivencial** de los sacramentos se muestra también aquí, con una clara atención al rito bautismal (nn. 1229-1233) y a la mistagogia de su celebración (nn. 1234-1245). Los números restantes siguen el esquema de la Teología Sacramentaria clásica (sujeto, ministro, necesidad del bautismo), con un desarrollo considerable de la gracia bautismal (efectos).

En el caso de la **confirmación** se sigue una presentación similar: su **prefiguración** en las promesas del Espíritu sobre el Mesías y el pueblo mesiánico (nn. 1286-1287) y su realización en Cristo y en Pentecostés. La **unción crismal y la imposición de las manos** (gestos de antigua tradición eclesial) conferían un don del Espíritu que completaba la gracia bautismal. El interés por su celebración en oriente y occidente (nn. 1290-1292) deja paso a una presentación mistagógica (nn. 1293-1301). Asimismo, se recogen las palabras de **Pablo VI** que **define el signo sacramental de la confirmación** (Const. Apost. *Divinae consortium naturae*, 15.VIII.1971):

> "En el rito latino, "el sacramento de la Confirmación es conferido por la unción del santo crisma en la frente, hecha imponiendo la mano, y con estas palabras: "Recibe por esta señal el don del Espíritu Santo"" (n. 1300).

Los números finales están dedicados a los efectos (nn. 1302-1305), al sujeto y al ministro (nn. 1306-1314).

2.2. Los libros litúrgicos actuales

La Reforma litúrgica promovida por el Vaticano II ha traído consigo la edición de **tres libros litúrgicos** con los que celebrar la iniciación cristiana: el *Ordo baptismi parvulorum* (15.V.1969), el *Ordo confirmationis* (15.VIII.1971) y el *Ordo initiationis christianae adultorum* (6.I.1972). El **RICA** es nuestro ritual de referencia: tanto por las premisas teológicas contenidas en su introducción, como por la estructuración organizada del catecumenado en sus distintas fases o periodos, y finalmente por su misma **celebración sacramental unitaria** que ilumina los dos otros dos rituales.

> Los libros litúrgicos actuales están precedidos de una introducción teológica, litúrgica y pastoral, que sirve para encuadrar correctamente la celebración y las distintas posibilidades según las circunstancias personales. Se denominan prenotandos o *praenotanda*: las cosas que se han de tener en cuenta antes de celebrar. En el cuerpo del texto citaremos los nn. correspondientes.

El RICA se ha inspirado en la **experiencia catecumenal de los s. III-V**. La iniciación de los adultos es un proceso articulado de suficiente duración que busca despertar la fe, profundizar en ella con la propia vida y, por medio de la iniciación sacramental en la Vigilia de Pascua, conducir al catecúmeno a participar en la muerte y resurrección de Cristo e integrarse en la Iglesia, su Cuerpo místico. Un camino que se divide en **cuatro etapas**, flanqueadas por **tres pasos o grados**, todas ellas caracterizadas por la escucha de la Palabra, la oración personal y comunitaria, la experiencia litúrgica y la conversión personal. Presentamos a continuación su **esquema**:

ESTRUCTURA DEL RITO DE INICIACIÓN CRISTIANA DE ADULTOS

PRIMERA ETAPA: PRECATECUMENADO

- Tiempo de evangelización, de conversión inicial.
- Nombre que reciben: precatecúmenos o simpatizantes.
- Ritos: de acogida de los simpatizantes (no obligatorio).
- La comunidad local es invitada a orar por ellos, a explicarles el evangelio y facilitar los encuentros con ellos.
- Duración: variable e indeterminada.
- 1er grado: **Rito de entrada en el catecumenado**: con inscripción del nombre.

SEGUNDA ETAPA: CATECUMENADO

- Tiempo de catequesis, de cambio de mentalidad y costumbres.
- Nombre que reciben: catecúmenos.
- Ritos: celebraciones de la Palabra, exorcismos menores y bendiciones, unciones (nn. 100-102; 127-128).
- La comunidad participa en las celebraciones previstas.
- Duración: un año o más.
- 2º grado: **Rito de la elección**.

TERCERA ETAPA: PREPARACIÓN CUARESMAL

- Tiempo de purificación y de iluminación espiritual.
- Nombre que reciben: elegidos, iluminados o *competentes.*
- Exorcismos, escrutinios, entrega del Símbolo y del Padrenuestro.
- Testimonio de fe y participación en las celebraciones por parte de la comunidad.
- Ritos para la celebración inmediata de la Vigilia Pascual (Sábado Santo).
- Duración: Cuaresma.
- 3er grado: **Celebración de los sacramentos de iniciación**.

CUARTA ETAPA: MISTAGOGIA

- Tiempo de profundizar en los sacramentos recibidos.
- Nombre que reciben: neófitos.
- Misas por los neófitos con participación de la comunidad local.
- Duración: tiempo pascual.

En la **primera etapa** se les **anuncia** abiertamente a Cristo Salvador, el Hijo de Dios vivo, y se pide al Espíritu que disponga sus corazones para creer y convertirse libremente, al que es Camino, Verdad y Vida, capaz de satisfacer los anhelos de su corazón (n.10). Como fruto de esta etapa los precatecúmenos **pedirán el bautismo**. Si son juzgados idóneos por los pastores con la ayuda de quienes los presentan y de los catequistas (n. 16), son **admitidos al catecumenado** mediante un rito apropiado. En este rito (1er grado) tiene lugar un **exorcismo** mediante un suave soplo sobre ellos y su renuncia a los cultos paganos (n. 78), seguido de un momento culminante cuando reciben la **señal de la cruz** (*signatio*) en la frente y en los sentidos (nn. 83-85), para que se abran a la fe, a la Palabra de Dios y su voz, y quieran llevar el yugo de Cristo. Puede concluirse esta admisión con la **entrega de los evangelios** y la **inscripción de su nombre cristiano** en un libro para este fin (n. 17).

> La Iglesia reconoce el valor de su deseo del sacramento (*votum sacramenti*) y por ello, en caso de muerte, recibirían sepultura cristiana. Son considerados cristianos, aunque de modo imperfecto (n. 18).

La **segunda etapa** o tiempo del **catecumenado** se caracteriza por una **catequesis** jalonada por el año litúrgico, de modo que conozcan no solo los dogmas y los preceptos, sino el misterio de salvación que anhelan recibir en el futuro (n. 19,1). Con el ejemplo y la ayuda de sus padrinos y de los demás fieles, se habitúan a orar a Dios, a secundar sus inspiraciones, a dar testimonio de su fe y a vivir las obras de caridad (n. 19, 2). Las celebraciones de la Palabra y los exorcismos y bendiciones van en la misma dirección: catequizarles e interceder por ellos. Los catecúmenos considerados idóneos alcanzan el **segundo grado** con el **Rito de la elección** que suele tener lugar en el **Domingo I de Cuaresma**. Ya sea ante el obispo o ante alguien delegado los candidatos son presentados (n. 143) por sus padrinos o madrinas: unos y otros responden a las preguntas del obispo acerca de su empeño en la preparación (nn. 144 y 146). Entonces **inscriben sus nombres** para completar la iniciación en la próxima Vigilia pascual y se les admite (n. 147).

Llegamos a la **tercera etapa** o tiempo de la **purificación** y de la **iluminación**. Es una preparación intensa que se vertebra sobre los escrutinios (Domingo III, IV y V de Cuaresma), las entregas y los ritos de preparación inmediata (recitación del Credo y del Padrenuestro, el rito del *Effetá* y, ocasionalmente, la unción con óleo de los catecúmenos). Llegan así al **tercer grado** de las **celebraciones sacramentales de la Vigilia**.

> El RICA n. 154 expresa bellamente el propósito de los **escrutinios**: "La finalidad de los escrutinios es primordialmente espiritual; [se trata de] purificar las almas

y los corazones, proteger contra las tentaciones, rectificar la intención y mover la voluntad, para que los catecúmenos se unan más estrechamente a Cristo y prosigan con mayor decisión en su esfuerzo por amar a Dios".

El celebrante toca con el pulgar los oídos y la boca mientras dice "effetá", que significa "ábrete": "se inculca la necesidad de la gracia, para que se pueda escuchar la palabra de Dios con provecho sobrenatural para la salvación" (n. 200).

La unción con el óleo de los catecúmenos puede hacerse también durante la Vigilia (n. 206).

La **cuarta etapa** o tiempo de la **mistagogia** busca que los neófitos **profundicen** nuevamente en los misterios apenas recibidos, y cambien el modo de percibir su fe, la Iglesia y el mundo (n. 38). Un momento litúrgico particularmente expresivo son las misas por los neófitos o misas de los Domingos de Pascua, con participación de la comunidad local (n. 40). La solemnidad de **Pentecostés pone fin** a su iniciación cristiana.

2.3. El simbolismo de algunos ritos litúrgicos

Como se habrá podido comprobar, la celebración de la iniciación cristiana se sirve de una verdadera sinfonía de símbolos litúrgicos. De muchos ya hemos hablado a propósito de la historia; toca ahora hacer una interpretación siguiendo el principio que el Concilio Vaticano II propone para la celebración, y que podemos formular así: *per ritus et preces* (SC n. 48), a través de los gestos y las palabras, en el contexto en que son actuados. Dentro de la **tradición bíblica y eclesial**, cada gesto o acción quedan especificados por el sentido de las palabras que los acompañan, constituyendo una **única realidad**. La acumulación de símbolos, sin embargo, no tendría que desdibujar la centralidad del **símbolo esencial** –o signo sacramental, en la terminología de la sacramentaria clásica– del bautismo (baño de inmersión o la infusión con la invocación de la Trinidad) y de la confirmación (unción con crisma en la frente junto a su fórmula). Precisamente los demás **símbolos** sirven para expresar la riqueza del misterio celebrado (símbolos explicativos) o preparan a su fructuosa recepción (símbolos complementarios): todos los elementos naturales (agua, aceite, pan y vino, luz…) se ponen a disposición del encuentro entre Dios y los hombres en la celebración litúrgica de la Iglesia.

Una exposición teológico-litúrgica de este género sería muy extensa. Es necesario simplificar: desde la perspectiva de la presencia de la luz –signo primordial de Dios y de sus obras– haremos después una **incursión en la Vigilia pascual**, señalando la secuencia ritual y el simbolismo de los ritos pre y postbautismales (símbolos explicativos y complementarios). Ahora nos centramos en el simbolismo del rito esencial del bautismo y de la confirmación.

- *El baño bautismal y otros símbolos adyacentes*

La forma plenaria de administrar este baño es la **triple inmersión**. La otra forma admitida es la **infusión** (n. 32) siempre con un **triple gesto** que acompaña la **fórmula trinitaria** (n. 220) y que es el reverso de la profesión de fe previa que el elegido ha realizado sobre cada Persona divina (n. 219). La expresividad del símbolo debe dejar claro que no se trata de un baño purificador (lustral), sino un **sacramento de unión con Cristo, muerto y resucitado**. Así lo afirma san Pablo en la Epístola Rm 6, que precisamente se ha proclamado momentos antes en la liturgia de la Palabra en la Vigilia Pascual.

Desaparecer bajo el agua evoca la idea de la **muerte**. Así se puede explicar que el mismo Jesús llame bautismo a su muerte (Lc 12,50), o que algunas fuentes patrísticas llamen **tumba** a las piscinas bautismales, o el testimonio de la arquitectura que descubre la forma de cruz de algunas de ellas. La acción bautismal aparece como un **verdadero paso** o un proceso: el elegido se acerca, profesa su fe, se sumerge y vuelve a salir de la fuente por la otra parte. Las resonancias del paso del Mar Rojo y del Jordán son claras; la carga simbólica que el agua tiene en tantas culturas –**elemento de vida y de muerte**– también.

Pero el agua posee otras **facetas simbólicas** en la tradición bíblica que podemos reseñar (cfr. Oñatibia, 107-108):

- **Aguas que purifican** (aguas lustrales) que hablan del bautismo que purifica del pecado. Así fueron las del Diluvio, que purificaron a la generación pecadora que habitaba el mundo. En el pregón pascual de la Vigilia se canta a la noche santa que "**lava las culpas**" y concede la inocencia a los caídos: neta referencia bautismal.

- **Aguas que fecundan** (aguas germinales) del bautismo que da la **nueva vida**. Así como el Espíritu de Dios (*Ruah YHWH*) aleteaba al inicio sobre las aguas con toda su vitalidad (san Jerónimo, *Tractatus de Psalmo LXXVI*). La Primera lectura de la Vigilia nos propone ese texto del Génesis, donde pululan los primeros vivientes (1,1-2,2), y donde el salmo responsorial (Ps 103) reconoce los manantiales de la morada de Dios que hacen brotar la vida.

- **Aguas que regeneran** (aguas medicinales), como el baño de regeneración que es el bautismo. Así lo presenta la Séptima lectura del profeta Ezequiel (36,16-28): Dios aspergerá con un agua pura a su pueblo para **purificarlo** de las inmundicias y de la idolatría. También en Ezequiel se inspira el canto durante la aspersión de los fieles tras las promesas bautismales: "Vi que manaba agua del lado derecho del templo" (MR, n. 56), **aguas sanadoras** por su contacto con el templo de Dios.

- **Aguas que liberan de la esclavitud** (aguas liberadoras), donde el bautismo se expresa como **paso a la libertad**, a una nueva condición de pueblo de Dios: el Mar Rojo derrota al enemigo (Faraón), libera de la esclavitud y de la desconfianza en Dios y en Moisés su siervo; están en el camino hacia el culto verdadero (Sinaí) y la tierra prometida. La lectura del Éxodo y el canto glorioso de los hijos de Israel (14,15-15,1-6.17-18) resuenan con vigor en cada noche de Pascua.

- **Aguas que sacian la sed**, donde el bautismo responde al **deseo de redención** de la humanidad. De esta agua nos habla la Quinta lectura de Isaías (55,1-11); junto al agua, el texto menciona el vino y la leche, referentes claros del sacramento de la Eucaristía que recibirán por primera vez los elegidos gratuitamente, no por méritos personales.

• *El símbolo esencial de la confirmación*

Consideremos ahora el simbolismo de los ritos centrales de la confirmación, sin repetir sus pormenores históricos ni entrar en las intervenciones del Magisterio al respecto. **Dos gestos postbautismales** han aparecido en nuestro estudio hasta ahora: la crismación con signación, y la imposición de la(s) mano(s).

a. **La crismación o unción de la frente con el crisma** (o *myron* para los orientales) ha sido interpretada por los Padres en clave fundamentalmente pneumatológica: la **unción del Espíritu y su comunicación**. Este nexo unción-Espíritu se entrevé en la vida de la primera iglesia. Sucedió así en Cristo (Lc 4,18; Hch 10,38) y en el cristiano (2Co 1,21). La **unción visible** es símbolo de la **unción interior**, tal como lo sostienen muchos Padres, Agustín entre ellos: "La unción espiritual es el mismo Espíritu Santo; su "sacramento" lo tenemos en la unción visible" (*In Ep. Jo. Tract.* 3, 25).

El crisma está compuesto de **aceite de oliva** (o de otro vegetal) y de **bálsamo** (sustancia aromática): el aceite es signo de abundancia, de alegría y de curación, que hace ágil para la lucha cuerpo a cuerpo (CCE, n. 1293); el bálsamo indica la conservación, la ausencia de corrupción, el perfume del buen nombre (*Decretum pro Armeniis* (DH 1317). La **capacidad natural** del aceite para **impregnar** intensamente cuanto toca (con manchas permanentes o muy difíciles de quitar por completo) lo hace un elemento apto para significar la donación del Espíritu de modo estable. A esta capacidad simbólica natural se le añade la **tradición bíblica**, donde se ungía con aceite para consagrar a reyes y sacerdotes. Así lo han desarrollado, entre otros, Cirilo de Jerusalén (la unción regia: *Catequesis* XXXIII, 1093A) y Ambrosio (la unción regia y sacerdotal: *De Mysteriis*, 29-30).

Pero Cirilo da un paso más tomando pie del **carácter oloroso** del crisma y de la convicción de los autores en Oriente según la cual, solo hay comunión (*koinonía*) con una realidad si ésta se encuentra presente de algún modo en el signo visible. El olor y el perfume son considerados **destellos de la divinidad**: pues en la medida en que percibimos el olor de Cristo, participamos de Él (*Catequesis* XXXIII 1092 B). Y de tal intensidad es la presencia del Espíritu en el crisma, que Cirilo (y buena parte de la iglesia oriental) la compara –no la asimila– con la presencia de Cristo en los signos eucarísticos del pan y del vino (*Catequesis* XXXIII 1092 A). Es el mismo Espíritu que descendió sobre Jesús en el Jordán después de salir del agua, verificándose en Cristo el nacimiento del agua y del Espíritu.

El modo occidental de comprender el simbolismo del crisma es más esquemático, pero coincidente.

> Esta consagración está atestiguada por san Cipriano para el Norte de África y, por tanto, también en Roma (*Ep.* 70, 2: PL 3, 1078). En Oriente está reservada al Patriarca (CCEO can. 693).

El **uso** que se hace del **crisma** en la actualidad es múltiple: en la **unción postbautismal** por parte del presbítero, en la unción en las **ordenaciones de obispos y sacerdotes**, en la **consagración de iglesias y altares**, y en la **confirmación**. Su simbolismo viene determinado por el contexto litúrgico en que se utiliza y por su **consagración durante la Misa crismal**, que preside el **obispo**. De las dos oraciones de consagración del rito actual de 1970, una es muy antigua (s. XI) y expresa lo que la Iglesia espera recibir de Dios Padre cuando la reza: que **el Espíritu descienda** (*epíclesis*) sobre aquel aceite y lo transforme en *crisma de salvación*, "y que, con la cooperación de Cristo, tu Hijo, de cuyo nombre le viene a este óleo el nombre de crisma" (MR, Misa crismal). No se trata de una palabra derivada de otra, sino de participar en su misma unción.

El **rito actual** indica al celebrante: "con la punta del pulgar derecho empapada en el Crisma, hace la señal de la cruz en la frente del neófito, diciendo: N. (Nombre), recibe por esta señal el don el Espíritu Santo" (n. 231).

La fórmula es nueva y procede casi literalmente del rito bizantino (*"Accipe signa-culum doni Spiritus Sancti"*) con una clara referencia al presente y en tono indica-tivo-performativo (*accipe*, recibe: en imperativo), para recibir el don del Paráclito y su marca indeleble (*signaculum*, sello). La expresión *"doni Sancti Spiritus"* es un genitivo de aposición, es decir, un modo de hablar directamente de la Tercera Persona de la Trinidad.

Ungir con la señal de la cruz es evocador: este modo particular, precisamente en el gesto esencial, manifiesta que **el don del Espíritu viene del sacrificio del Calvario**, del que se hace partícipe personalmente. Esta unión íntima que el signo recuerda es un reclamo a vivir conforme al modelo de Cristo, con la esperanza de resucitar con Él (Ambrosio, *De sacramentis* 6, 7).

b. **Imposición de la(s) mano(s)**: es un gesto de **tradición bíblica** y con mu-chos significados. Era conocido como gesto de **transmisión de poderes**; por ejemplo, en Israel en el s. I era empleado por los rabinos más ancianos para conferir a uno de sus discípulos esta nueva condición de maestro y formar su grupo de discípulos. Los textos de Hechos, como hemos visto, apuntan en esa dirección y, tanto Tertuliano (*De Baptismo* 8, 1) como los Padres de la Iglesia, lo consideraron un **gesto de comunicación efectiva** del Espíritu.

> En muchas liturgias orientales y ya en la *Traditio apostolica* las oraciones que acom-pañan este gesto tienen un fuerte carácter pneumatológico (Cfr. Oñatibia, 111).

El **rito actual** prevé una imposición de manos sobre todos los confirmandos previa a la crismación con las palabras:

> "Dios todopoderoso, Padre de nuestro Señor Jesucristo, que regeneraste por el agua y el Espíritu Santo a estos siervos tuyos y los libraste del pecado: escucha nuestra oración y envía sobre ellos el Espíritu Santo Paráclito; llénalos de espíritu de sabiduría y de inteligencia, de espíritu de consejo y fortaleza, de espíritu de ciencia y de piedad, y cólmalos del espíritu de tu santo temor" (*Ritual de la Con-firmación*, n. 32).

> Mencionar al Espíritu septiforme y sus dones parece ser un elemento típico de la tradición en Occidente (Ambrosio, *De sacramentis* 3, 2, 8).

El Papa Pablo VI, en la mencionada Constitución apostólica *Divinae consor-tium naturae* (1971), afirma que esta imposición de la mano **no pertenece al rito esencial**, pero debe tenerse en consideración, porque "forma parte de la integridad del mismo rito y favorece la mejor comprensión del sacramento".

Surge entonces una **dificultad** que ha recorrido la historia de la liturgia hasta el documento de Pablo VI: ¿cómo armonizar el gesto apostólico (imposición de manos) con el uso litúrgico de algunos lugares (unción con crisma)? Las palabras del Pontífice dilucidan así la cuestión:

"(…) en la administración de la Confirmación en Oriente y en Occidente, aunque de modo diverso, el primer puesto lo ocupó la Crismación, que representa de alguna manera la imposición de las manos usada por los Apóstoles. Y dado que aquella unción con el crisma significa convenientemente la unción espiritual del Espíritu Santo que se da a los fieles, Nos queremos confirmar la existencia y la importancia de la misma". La interpretación auténtica del Papa, como garante del *depositum fidei*, no afirma una sustitución del gesto, sino su representación.

Una respuesta posterior de la Pontificia Comisión para la Interpretación de los decretos del Concilio aclara que no es necesario que el ministro de la confirmación, mientras unge con el crisma, imponga la mano sobre la cabeza del confirmando: basta con la crismación con el pulgar (AAS 64 (1972) 526).

En las iglesias orientales se multiplican las unciones con el *myron*: "En las Iglesias orientales de rito bizantino, la unción del *myron* se hace después de una oración de epíclesis, sobre las partes más significativas del cuerpo: la frente, los ojos, la nariz, los oídos, los labios, el pecho, la espalda, las manos y los pies, y cada unción va acompañada de la fórmula: *Sfragis doreas Pnéumatos Agíou* ('Sello del don que es el Espíritu Santo')" (*Catecismo*, n. 1300).

2.4. Mistagogia de la Vigilia Pascual

De acuerdo con lo que vimos, la historia de la liturgia destaca esta Noche Santa como un momento fuerte de la vida de la Iglesia. Es desde antiguo una **vigilia de oración** considerada como **la mayor** de todas las santas vigilias (san Agustín, Sermón 219), donde celebramos el *totum paschale sacramentum*. Queremos exponer ahora, desde la simbólica de la luz, una **reflexión teológico-litúrgica** que nos introduzca y extraiga algunos contenidos esenciales de nuestra fe celebrada.

La asamblea está **reunida y a oscuras**: no hay otras luces ni en el interior de la iglesia, ni en el firmamento: el anochecer es el momento apropiado. También las tinieblas cubrieron la tierra cuando Cristo entregó su espíritu y, después del terremoto y de otros portentos en las inmediaciones de Jerusalén, el silencio es el protagonista del Sábado Santo: Cristo yace en el sepulcro, los fariseos y todo el pueblo están desconcertados con algunos episodios, mientras los discípulos se encuentran desaparecidos, quizá encerrados temiendo la persecución.

Pero hay un **fuego nuevo** y en torno a él se reúnen los fieles en el Solemne inicio de la Vigilia o Lucernario; el sacerdote lo bendice (MR, n.10) y entra en escena el **cirio pascual**, apagado, sobre el que se graban los signos cristológicos A – Ω y el año nuevo, y donde el sacerdote introduce cinco granos de incienso, antes de encender el cirio con el fuego nuevo mientras dice esta oración: "La luz de Cristo, que resucita glorioso, disipe las tinieblas del corazón y del espíritu" (MR, n. 14). ¡Se quiere **vivir en presente** el acontecimiento central de nuestra fe: resucita ahora glorioso! Es el *hodie* de la liturgia.

> El simbolismo de los granos de incienso se inspira en el comentario a las ceremonias del Sábado Santo de Guillermo de Durando (*Rationale divinorum officiorum*, VI, 80): los granos de incienso recuerdan los aromas que las santas mujeres compraron para ungir al Crucificado, y además las cinco llagas del Señor en la cruz.

Con tres aclamaciones, cantadas en tono ascendente, el diácono acompañará la procesión de este particular símbolo cristológico en la iglesia: *Lumen Christi*, **luz de Cristo**. Es un encuadre significativo: un cirio enhiesto, voluminoso, en medio del pueblo, elevado y a la vista de todos, al que cantamos agradecidos y del que primero el sacerdote y después los demás fieles encienden la llama de sus propias velas. De la oscuridad una llama se yergue para no apagarse durante el resto de la Vigilia, ni en las celebraciones dominicales del tiempo pascual. A partir de ese punto de luz nace la luz de los demás y, con ella, aparecen sus rostros: **ha cambiado la percepción de las personas y del lugar que las acoge**, porque el Resucitado, en pie porque ya no muere más, viene en medio de su pueblo que peregrina.

Aunque el cirio bien podría tomarse por un ídolo –material e inerte–, la Iglesia lo ha tratado como **símbolo de Cristo resucitado** desde muy antiguo: desde la primera aclamación de Zacarías –"el sol naciente nos visitará desde lo alto para iluminar a los que yacen en tinieblas" (Lc 1,78-79)–, los cristianos realizaban un rito vespertino el sábado, donde encendían una lámpara y entonaban un himno a Cristo, luz de las gentes, a la espera del domingo y de la venida gloriosa del Señor al final de los tiempos. El cirio es aclamado e incluso incensado como signo de **reverencia**.

La procesión llega al presbiterio cuyo centro es el altar y coloca el cirio junto al ambón (MR, n. 17). En ese instante se encienden todas las luces de la iglesia, excepto las velas del altar: todavía no, porque primero necesitamos escuchar el **Pregón pascual**, con nuestras velas encendidas (MR, n. 19). Este canto es una auténtica sinfonía de referencias a la luz y a las tinieblas, y de resonancias del Antiguo Testamento, entre las que ahora destacamos la columna luminosa que acompañó al pueblo en su éxodo de Egipto, materializada en el cirio encendido.

Tiene comienzo la **Segunda parte de la Vigilia** con la proclamación de las **lecturas** y el relato de todo el proyecto divino de salvar al hombre en Cristo, en el seno de un pueblo preparado y elegido por el mismo Dios. Este recorrido por la **historia de la salvación** (con sus lecturas, salmos responsoriales y oraciones del que preside) tiene especial eco en los que se van a iniciar, como ya señalamos; y para todos los fieles que al recordar reviven esos acontecimientos salvíficos. Por eso la última secuencia de lectura-salmo-oración presidencial da paso al canto del *Gloria in excelsis Deo*, mientras suenan las campanas y el anuncio de los ángeles a los pastores que inspira este himno trinitario, que va acompañado del encendido de las velas del altar (MR, n. 31). El pueblo puede ya apreciar la fuerza de la **Carta a los Romanos 6, 3-11** –verdadero tratado bautismal– y proclamar el **triple Aleluya**, porque Cristo está también presente entre nosotros con su Palabra (SC, n. 7). Únicamente a la luz del cirio pascual, el diácono –o el sacerdote– proclama el **Evangelio de la Resurrección**.

Hay algunos que aún no han encendido sus velas; son los **catecúmenos** que ahora son **llamados y presentados por sus padrinos** a la vista de todos. Si el bautismo se va a realizar en el baptisterio, el código visual se dinamiza: salen del presbiterio procesionalmente, encabezados por el cirio, mientras se cantan las letanías de los santos. Los catecúmenos se sienten así **en comunión** con la iglesia triunfante y de la que aún peregrina, una iglesia orante y comprometida en este proceso iniciático. Llegados allí, el sacerdote reza una oración que pone en acto un principio sacramental que bebe en la teología de los Padres de la Iglesia: "que tu poder dé eficacia a la acción de tu ministro".

Tras su **renuncia** a Satanás y la **profesión** de fe, son bautizados y, como recién nacidos, reciben las vestiduras blancas (MR, n. 51) y con la luz del cirio **encienden sus velas**. Ya son neófitos, a punto de ser **ungidos con el crisma** (MR, n. 53).

> En estas vestiduras blancas subyace la teología del revestirse de Cristo (Ga 3,27) y la recuperación de la condición filial. Por otra parte, el blanco es el color de las vestes sagradas: de lino blanco vestían los sacerdotes en el *Éxodo*; así también Cristo en su Transfiguración en el monte Tabor, o los salvados del *Apocalipsis*.

Su nueva condición les permite sentarse entre los fieles (MR, n. 57) y participar por primera vez en la oración universal junto con ellos (MR, n. 58). A continuación comienza la Liturgia Eucarística que veremos en el cap. 7.

La iniciación cristiana responde a un **deseo de Jesucristo**: "Id, pues, y haced discípulos a todos los pueblos, bautizándoles en nombre del Padre y del Hijo y del Espíritu santo; y enseñándoles a guardar todo cuanto os he mandado" (Mt 28,19-20). Así lo hicieron los apóstoles y los primeros cristianos desde el comienzo. La conversión, el bautismo y el don del Espíritu comportaban un **cambio de costumbres**. El libro de los Hechos resume así este nuevo modo de vida:

> "Perseveraban asiduamente en la doctrina de los apóstoles y en la comunión, en la fracción del pan y en las oraciones. El temor sobrecogía a todos, y por medio de los apóstoles se realizaban muchos prodigios y señales. Todos los creyentes estaban unidos y tenían todas las cosas en común. Vendían las posesiones y los bienes y los repartían entre todos, según las necesidades de cada uno. Todos los días acudían al Templo con un mismo espíritu, partían el pan en las casas y comían juntos con alegría y sencillez de corazón, alabando a Dios y gozando del favor de todo el pueblo. Todos los días el Señor incorporaba a los que habían de salvarse" (2,42-47).

San Agustín y una larga tradición en los Padres veían a la Iglesia como la "única madre verdadera de todas las gentes, que ofrece su regazo a los no regenerados y amamanta a los regenerados" (*Epístola* 23,4). A su modo lo expresa también la Vigilia Pascual: **la misión de la Iglesia es engendrar** nuevos hijos a la vida sobrenatural **y acompañar** el desarrollo de la gracia bautismal, mediante la oración, el ejemplo, la catequesis y la celebración de los sacramentos.

Volvamos la vista a este medio siglo desde la clausura del Vaticano II. Desde distintas instancias se ha analizado la situación pastoral de nuestra época, tan variada como desafiante, según los países y culturas. En términos generales –especialmente en Europa y en el mundo anglosajón, aunque con sus primeras manifestaciones en Latinoamérica– se abre paso un **modelo cultural** que presenta algunos de los siguientes **rasgos** (positivos y negativos):

- La **ignorancia religiosa** de los mismos bautizados hacia la fe que profesan.

- La **desconexión** entre la práctica religiosa y la conducta moral.

- El **relativismo** y el **subjetivismo** imperantes, que relegan lo religioso a la *privacy*. Las nuevas formas de religiosidad (*believing withouth belonging*, o la religión a la carta).

- El resurgir de la **pregunta ética** con distintas formulaciones (¿cómo promover una ética universal que respeta la justicia y la dignidad humana?).

- El deseo de la tutela del **medio ambiente**.

- Un modelo de **sociedad no disciplinaria** y una **cultura** de lo provisional, inmediato y desechable.

- La promoción de **ideologías** que horadan los fundamentos de la fe y de la moral. Una **filosofía** que deconstruye la tradición, la autoridad, la verdad… Un choque violento con el **Islam**.

- El compromiso creciente por la **solidaridad internacional** y el **voluntariado** con los más próximos.

- La sed de **sentido**, de **valores** que orienten la conducta, y de la **comunión** interpersonal frente a visiones materialistas e individualistas.

- La **ruptura de los canales de transmisión de la fe** (familia, escuela, parroquia, comunidades de fe, la catequesis…) y la reaparición de un **cristianismo de opción** antes que de tradición.

Benedicto XVI sintetizaba el **reto evangelizador** de nuestros días: "La fe siempre necesita consolidar sus raíces para que no vuelva a prácticas antiguas o incompatibles con el seguimiento de Cristo y para resistir a las llamadas de un mundo a menudo hostil al ideal evangélico (…) Una fe asegurada, basada en una relación personal con Cristo, expresada en la práctica habitual de la caridad, y apoyada por una comunidad viva, es un apoyo en el desarrollo de la vida cristiana" (*Discurso a los obispos de Burkina-Faso y Níger*, 22.III.2010).

Parece evidente que hemos de **superar** ciertos análisis o modelos teológico-pastorales **para reconstruir** el nexo entre fe y vida de las diversas situaciones vitales: los bautizados con una deficiente formación o implicación, los adultos no bautizados que buscan respuestas y orientación, las familias cristianas con dificultades para vivir como tales en algunos ambientes, los niños y jóvenes que quieren madurar en su fe… de modo que la primera comunión o la confrimación no signifique la despedida de la vida eclesial

De estos retos pastorales ya fueron conscientes quienes reformaron el **RICA**. En sus *prenotandos* encontramos unos **principios de pastoral** que, como ocurrió en el s. IV, salen al paso de una sociedad no cristiana necesitada de una nueva evangelización. La experiencia pionera y consolidada de la pastoral en Italia en las últimas décadas ayuda a completar este apartado, ya que ha puesto las bases para que la catequesis se entienda como un **proceso formativo integral** con unas etapas, donde se aprende a ser y a vivir como cristianos.

Las dos fuentes utilizadas para nuestra presentación son:

- El RICA con sus Observaciones Generales (OG nn. 1-35) y Previas (OP nn. 1-67).
- La Carta de la Conferencia Episcopal Italiana, *Annuncio e catechesi per la vita cristiana* (4.IV.2010), en el XL aniversario del Documento de base *Il rinnovamento della catechesi* (CEI 2010).

La catequesis debe mostrar una **visión renovada** de la revelación, de la fe y de la finalidad de la misma catequesis:

- Dios **se ha revelado** a los hombres con gestos y palabras, y **se ha entregado** a nosotros en Cristo, para llamarnos y admitirnos a la plena comunión con Él.

- La **fe** no solo es adhesión de la inteligencia a las verdades del mensaje cristiano, sino sobre todo **adhesión de la inteligencia y del corazón** a la persona de Cristo, en términos de acogida, diálogo e intimidad con Él.

- La catequesis tiene por tanto su centro en Cristo y no debe reducirse a transmitir contenidos de la fe, sino **educar a una vida de fe, iniciar a la vida eclesial, ayudar a la integración de la fe y la vida**, enseñando a los candidatos a leer nuestro tiempo a la luz de la palabra de Dios. Es necesario superar una catequesis que termina normalmente en la preadolescencia y que deja una imagen infantil de Dios y de la religión cristiana, con escaso eco en la propia vida.

- La **prioridad** para la Iglesia está en la **catequesis de adultos y de jóvenes**, así como en su formación permanente, para hacerles capaces de dar razón de su esperanza en los nuevos escenarios de su vida personal y social. Por tanto, el primer anuncio a los catecúmenos o simpatizantes no puede obviar la situación real del que se acerca a la Iglesia: no niegan a Dios, pero pueden no estar interesados; su fe es muy incipiente y débil, sometida a dudas y a pruebas. (CEI 2010, nn. 2, 8, 10 y 13)

Los tres sacramentos de la iniciación conducen a un **desarrollo pleno** del cristiano para ejercer su misión en la Iglesia y en el mundo. La **fe irá madurando** poco a poco cuando se manifieste en obras de caridad (activa) o de testimonio (misionera); si conduce a la oración y a secundar las inspiraciones de Dios (dócil), y a la conversión de los propios sentimientos y costumbres (penitente); si descubre la necesidad del don de Dios que nos antecede y que nos asiste con su Palabra, su bendición y sus sacramentos (OP n. 19).

Por eso es clave el **precatecumenado**, un tiempo de anuncio del Dios vivo y del *Kerigma*. Es la ocasión de provocar en los que acuden, por la acción del Espíritu Santo, la sed de Dios y la respuesta personal, la primera conversión inicial y la libre petición del bautismo (OP, nn. 9-10). En todo el proceso no podemos perder de vista ni la iniciativa de Dios (RICA n. 22), donde el Espíritu continúa su obra (RICA nn. 14, 22, 38) ni la imagen de la Iglesia como algo más que una administradora de sacramentos.

También es necesario valorar la **idoneidad** de los que quieren ser catecúmenos:

> "(…) se requiere en los candidatos una vida espiritual inicial y los conocimientos fundamentales de la doctrina cristiana: a saber, la primera fe concebida en el tiempo del "precatecumenado", la conversión inicial y la voluntad de cambiar de vida y de empezar el trato con Dios en Cristo, y, por tanto, los primeros sentimientos de penitencia y el uso incipiente de invocar a Dios y hacer oración, acompañados de las primeras experiencias en el trato y espiritualidad de los cristianos" (OP, n. 15).

El énfasis en la **preparación espiritual** es claro en el tiempo de la purificación (durante la Cuaresma) con el examen de la propia vida, los escrutinios, la lectura de la Palabra de Dios, la penitencia y el conocimiento más profundo de Cristo Salvador (OP, n. 25). De igual manera, en la **preparación inmediata** para recibir los sacramentos (Sábado Santo), mediante el recogimiento, la oración y el ayuno (OP, n. 26). Así podrán los elegidos recibirlos con una fe activa y operante (OP, n. 29).

b. *Una tarea de la comunidad cristiana con sus pastores*

Hay una bella descripción de este camino en el RICA: "La iniciación de los catecúmenos se hace gradualmente, **en conexión con la comunidad de los fieles** que juntamente con los catecúmenos consideran el precio del misterio pascual y renovando su propia conversión, inducen con su ejemplo a los catecúmenos a seguir al Espíritu Santo con toda generosidad" (OP, n. 4).

Por encima de todo la Iglesia busca reavivar la fe en los catecúmenos y en quienes les acompañan (OG nn. 2-3), consciente de que la fe apostólica es un don para alimentar y transmitir (OG, n. 7), totalmente ajeno a la inercia y a la inactividad. Y siempre con la compañía de todos los fieles que progresan en una inteligencia más plena y fructuosa de los misterios que creen (OP, n. 38). Su **compañía** ha de ser **maternal**: recibir a los catecúmenos ("que ya pertenecen a la casa de Cristo", OP, n. 18), dialogar con ellos e involucrarles en la vida de la comunidad. Su **presencia** en las distintas celebraciones litúrgicas del catecumenado irá acompañada de la oración y de la renovación personal en el compromiso cristiano (OP, n. 41). En esos encuentros reciben de los bautizados el Símbolo y el Padrenuestro (n. 25). Asimismo, en el tiempo de la mistagogia, continuarán con esta **misión**, meditando el Evangelio junto con ellos, participando en la Eucaristía y ejerciendo la caridad (OP, n. 37).

"Es necesario educar la conciencia misionera de toda la comunidad, estimulándola a ser atrayente, acogedora y capaz de educar: una comunidad que acoge a las personas como son (…); que se acerca a los indiferentes y a los no creyentes, estableciendo con ellos lazos de amistad y sabiendo contarles su experiencia de fe…" (CEI 2010, n. 12).

No todos los fieles tienen la misma misión. El **RICA distingue** oportunamente entre los **catequistas** (OP, n. 48), los **pastores** (sacerdotes y el obispo del lugar, OG, nn. 11-12; OP, nn. 44-45) y el **padrino**. Es fácil constatar el papel fundamental de este último: "El padrino por su parte, elegido por el catecúmeno a causa de su buen ejemplo, de sus dotes y de la amistad, delegado por la comunidad cristiana local y aprobado por el sacerdote, acompaña al candidato en el día de la elección, en la celebración de los sacramentos y en la etapa de la "*Mystagogia*". A él le atañe mostrar familiarmente al catecúmeno el uso del Evangelio en la vida propia y en el trato con la sociedad, ayudarle en las dudas y ansiedades, y darle testimonio y velar por el incremento de su vida bautismal. Señalado antes de la "elección", cumple su oficio públicamente desde el día de la "elección", al dar testimonio del catecúmeno ante la comunidad; y su oficio sigue siendo importante, cuando el neófito, recibidos los sacramentos, ha de ser ayudado para permanecer fiel a las promesas del Bautismo" (OP, n. 43).

c. *Los ritos litúrgicos al servicio de la iniciación*

La Carta de la CEI afirma: "La catequesis no es todo, pero **todo en la Iglesia necesita de la catequesis**: la liturgia, los sacramentos, el testimonio, el servicio, la caridad" (n. 11).

Según el RICA la catequesis va al **ritmo del Año litúrgico**. El tiempo y el espacio marcan las coordenadas de la vida humana en su conjunto, y lo mismo sucede con la vivencia de la vida nueva de los que van a ser bautizados. En los *prenotandos* **se privilegia** como tiempo legítimo o acostumbrado la **Cuaresma** y la **Vigilia Pascual**, si bien caben otras alternativas (OP, nn. 58-62).

Los encuentros de **oración** y de **celebración litúrgica** jalonan, como ya se vio, el catecumenado. Muestran plásticamente cómo la Palabra de Dios y la bendición divina sostienen su búsqueda (OP, n. 19), los libra del poder de las tinieblas (OP, n. XX) y les prepara y ayuda a una recepción fructuosa de los sacramentos (OP, n. 1).

De distintos modos se acentúa la importancia de visibilizar adecuadamente la dignidad de lo que se celebra: la unión vital con Cristo Resucitado y la consagración en nombre de la Trinidad (OG, n. 5). Este hecho insólito e inasequible a las fuerzas humanas impone un tono de alegría (OG, n. 6) por el triunfo pascual de Cristo.

También el documento anima a cuidar la **belleza de los signos litúrgicos**. La fuente bautismal o el bautisterio deben estar reservados para este fin, de estética digna y de amplitud suficiente para la celebración comunitaria (OG, n. 25). El mismo signo del agua exige que ésta sea agua natural y limpia, procedente del agua consagrada en la Vigilia (al menos durante el tiempo pascual) o con agua bendecida para la ocasión (OG, n. 21). Se prefiere la **inmersión a la infusión**, para significar con claridad la muerte y resurrección con Cristo (OG, n. 22), y no solo como una simple purificación (OP, n. 32). El clima de alegría y de triunfo tiene su correlato en el canto: "el canto enriquece en gran manera la celebración del Bautismo, porque aviva la unanimidad, fomenta la oración comunitaria y, finalmente, expresa la alegría pascual que debe manifestar este rito (…)" (OP, n. 33).

* * *

La reflexión teológica desarrollada hasta el momento ha partido de la teología bíblica y litúrgica, que ya iniciaron los Padres y que hoy en día seguimos cultivando. El **lenguaje simbólico** es evocador, menos controlable, aparentemente impreciso; pero interpretado en la **tradición viva** de la Iglesia y enraizado en la **Sagrada Escritura**, sin soslayar su **fundamento antropológico y cultural**, ofrece un conocimiento teológico que pone el misterio de Dios en el centro y se mueve correctamente entre los dos polos de tensión de una sana teología: el misterio de Dios que se hace accesible en Cristo.

Ejercicio 1. Vocabulario

Identifica el significado de las siguientes palabras y expresiones usadas:

- movimiento litúrgico
- *prenotandos* o *praenotanda*
- escrutinios

- crisma
- rito del *effetá*

Ejercicio 2. Guía de estudio

Contesta a las siguientes preguntas:

1. ¿Qué retos más significativos hay en la pastoral de iniciación desde Trento a nuestros días?
2. ¿Cuáles son las figuras bautismales más importantes en la tradición patrística? Describe alguna de ellas.
3. Explicar el simbolismo bíblico del agua.
4. ¿Cómo justificar el fundamento cristológico (anuncio-cumplimiento) de la confirmación?
5. Los libros litúrgicos actuales sobre la iniciación.
6. Esquema de las etapas del proceso catecumenal.
7. La teología paulina presente en la Vigilia pascual.
8. Descripción de la Segunda Parte de la Vigilia de Pascua.

Ejercicio 3. Comentario de texto

Catecismo de la Iglesia Católica, n. 1298

"Cuando la Confirmación se celebra separadamente del Bautismo, como es el caso en el rito romano, la liturgia del sacramento comienza con la renovación de las promesas del Bautismo y la profesión de fe de los confirmandos. Así aparece claramente que la Confirmación constituye una prolongación del Bautismo (cfr. SC, 71). Cuando es bautizado un adulto, recibe inmediatamente la Confirmación y participa en la Eucaristía (cfr. CIC can. 866)."

PARTE III

LA INICIACIÓN CRISTIANA EN LA TEOLOGÍA SISTEMÁTICA

TEMA 6

EL BAUTISMO Y LA CONFIRMACIÓN

El Catecismo de la Iglesia Católica (1992) es un fruto precioso del Concilio Vaticano II y un instrumento irrenunciable para la catequesis. Representa además una guía segura para la reflexión de los teólogos. El Catecismo dedica una extensión considerable a la fe celebrada (2ª parte), de la que los sacramentos de la iniciación cristina ocupan el capítulo 1º de la segunda sección (nn. 1212-1419). A renglón seguido desarrolla los sacramentos de curación (capítulo 2º) y los sacramentos al servicio de la Comunidad (capítulo 3º).

La exposición sobre el bautismo y la confirmación tiene una estructura similar: ministro, sujeto, necesidad y efectos; pero a su modo integra y amplía el esquema escolástico para hablar del nombre del sacramento, de su inserción en la historia de la salvación y de sus aspectos celebrativos.

SUMARIO

1. ESTRUCTURA SACRAMENTAL DEL BAUTISMO · 2. LA NECESIDAD DEL BAUTISMO Y LAS VÍAS EXTRASACRAMENTALES · 3. EL MINISTRO Y EL SUJETO DEL BAUTISMO. 3.1. Quién puede bautizar. 3.2. Quién puede recibir el bautismo · **4. LA GRACIA DEL BAUTISMO, PUERTA DE LOS SACRAMENTOS.** 4.1. La purificación de los pecados. 4.2. Nuevo nacimiento por el baño de regeneración. 4.3. El carácter bautismal · **5. LA CONFIRMACIÓN COMO PERFECCIÓN DEL BAUTISMO.** 5.1. La historia ritual y la tradición eclesial. 5.2. La teología y sus caminos propios · **6. EL MINISTRO Y EL SUJETO DE LA CONFIRMACIÓN.**

Cuando decimos "**estructura sacramental**", queremos indicar los **elementos visibles** que concurren a la existencia y eficacia de un sacramento, es decir, los elementos estructurales de la celebración del bautismo.

> En la tradición de la teología sacramentaria clásica se hablaba de materia y de forma como elementos constitutivos del sacramento: la palabra de fe (forma) expresa la acción o el significado de una materia. La materia podía ser remota (el elemento material: agua, aceite, pan, vino…) o próxima (el uso de la materia remota o el gesto, por parte del ministro).

En nuestro caso la **materia remota es el agua natural**, como se deduce del bautismo de Juan y del diálogo de Jesús con Nicodemo (Jn 3,5). La tradición es unánime en este punto. Los primeros testimonios hablan del "agua viva", pero también en agua que no mana ni corre, ya sea fría o caliente (*Didaché* 7,1-3). Por eso los cristianos son denominados "pececillos", en cuanto que hemos nacido en el agua y porque Jesucristo es "nuestro *ichtys*" (literalmente, "nuestro pez"), según Tertuliano (*De Baptismo*, 1,3). Quienes, a falta de agua, han querido bautizar en otros líquidos, han recibido la corrección por parte de los pastores.

> El antiguo acrónimo griego *ichtys* se refiere a Jesucristo, bajo el título Jesucristo Hijo de Dios Salvador ("Ἰησοῦς Χριστός, Θεοῦ Υἱός, Σωτήρ").

La **materia próxima es la ablución con agua**. En el NT el gesto bautismal era simple y el rito tenía lugar "donde había mucha agua" (Hch 8,36). La tradición testimonia, como veíamos en la IIª parte, **dos modos** de realizar la ablución: por **inmersión o infusión**. Tomás de Aquino tomaba partido por la inmersión, porque representaba mejor el modelo (la sepultura de Jesús). A partir del s. XV se extiende en occidente la infusión, máxime cuando el bautismo de niños prevaleció sobre el de adultos derramando una vez o tres veces el agua sobre la cabeza para simbolizar la Unidad de Esencia o la Trinidad de Personas. Después del Vaticano II, **el RICA** (n. 32) **mantiene los dos modos**, pero **defiende** la claridad del símbolo de la **inmersión** para representar la muerte y resurrección de Cristo. Otro tanto hace el *Catecismo* (n. 1239), conectando perfectamente con la **teología paulina del bautismo** como "figura" o "semejanza", donde muere el hombre viejo y nace el hombre nuevo en Cristo.

El **ministro** es el encargado del **gesto sacramental**: el catecúmeno no se lava, sino que es lavado, es bautizado por otro que hace de **instrumento** del don de Dios. Por eso el ministro empuja suavemente para la inmersión, o derrama agua sobre el cuerpo en aguas poco profundas.

La praxis de la comunidad apostólica confirma la existencia de **dos fórmulas** que acompañan el gesto: en el nombre de Jesús o en el nombre de la Trinidad. Los testimonios antiguos declaran la convivencia de ambas expresiones, así como el **modo dialógico** de formularla: el ministro pregunta sobre la fe en cada Persona de la Trinidad y el catecúmeno responde antes de cada inmersión (*Traditio apostólica* y Cirilo de Jerusalén).

> El papa Nicolás I en el año 866 permite el uso de las dos fórmulas bautismales (trinitaria y cristológica). Como vimos más arriba, santo Tomás tomaba partido por la trinitaria y da a entender que la cristológica fue una revelación particular a la primera comunidad.

Poco a poco la fórmula trinitaria **pierde su carácter de diálogo** y se convierte en unas palabras pronunciadas por el ministro, ya sea de forma activa-indicativa ("N., yo te bautizo…") o en forma pasiva ("El siervo de Dios, N., es bautizado…"). Queda claro que se trata de una expresión de fe, no solo del catecúmeno y sus padrinos, sino también del ministro de la Iglesia que, en ese momento o antes, actualiza su intención sacramental. Es siempre una **invocación** de la Trinidad que ha sido precedida por la **bendición del agua** en la Vigilia Pascual (Tertuliano) o, en su defecto, antes de proceder al bautismo propiamente dicho (*Catecismo*, n. 1238).

Por eso el *Catecismo* (nn. 1239-1240), cuando desarrolla la celebración del bautismo, habla del **rito esencial** en estos términos:

> "Sigue entonces *el rito esencial* del sacramento: *el Bautismo* propiamente dicho, que significa y realiza la muerte al pecado y la entrada en la vida de la Santísima Trinidad a través de la configuración con el misterio pascual de Cristo. El Bautismo es realizado de la manera más significativa mediante la triple inmersión en el agua bautismal. Pero desde la antigüedad puede ser también conferido derramando tres veces agua sobre la cabeza del candidato".

> "En la Iglesia latina, esta triple infusión va acompañada de las palabras del ministro: "N., yo te bautizo en el nombre del Padre, y del Hijo y del Espíritu Santo". En las liturgias orientales, estando el catecúmeno vuelto hacia el Oriente, el sacerdote dice: "El siervo de Dios, N., es bautizado en el nombre del Padre, y del Hijo y del Espíritu Santo". Y mientras invoca a cada persona de la Santísima Trinidad, lo sumerge en el agua y lo saca de ella".

2. La necesidad del bautismo y las vías extrasacramentales

En el momento de la historia que estamos atravesando la pregunta por la salvación vuelve a ser irrenunciable: **¿es posible salvarse sin recibir el bautismo** de agua? Es oportuno reflexionar sobre la necesidad del bautismo cuando asistimos a una progresiva descristianización o neopaganismo en algunos ámbitos culturales o geográficos. La cuestión de fondo es la **viva conciencia de la Iglesia** de que todo hombre solo se salva en Cristo por medio del Espíritu. Como reconocían los apóstoles ante las autoridades religiosas de su tiempo: "Y en ningún otro está la salvación; pues no hay ningún otro nombre bajo el cielo dado a los hombres, por el que tengamos que ser salvados" (Hch 4,12). La filosofía realista y la teología afirman lo mismo pues, en la medida en que el fin que se espera alcanzar (la visión beatífica, el gozar de Dios en su Reino) trasciende nuestra naturaleza, necesitamos de un **mediador**, Cristo (Declaración *Dominus Iesus*, n. 14).

También la predicación de **san Pablo** sobre la universalidad del **pecado de Adán** (Rm 5,18) refuerza esta convicción. En efecto, **necesitamos** de la gracia de Cristo, que en el tiempo de la Iglesia es ofrecida con amor en los **sacramentos**, y que los hombres pueden acoger o rechazar. La Iglesia ha obrado en consecuencia y ha condenado a quienes negaban la necesidad absoluta del don de Dios (pelagianos), y no ha dudado en lanzarse durante siglos a la tarea ingente de la evangelización, fiel al mandato de su Señor (cfr. Mt 28,18-20).

Desde siempre la pregunta acuciante para los cristianos ha sido **cómo armonizar** la voluntad salvífica universal de Dios (1 Tm 2,4) con el destino de los que mueren sin el bautismo sacramental. En este sentido, Tomás de Aquino responde con enorme claridad: **Dios no se ata las manos con los sacramentos visibles** (*S. Th.* III, q.72, a.6, ad 1). El *Catecismo* actual también se hace eco:

> "(…) El Bautismo es necesario para la salvación en aquellos a los que el Evangelio ha sido anunciado y han tenido la posibilidad de pedir este sacramento (cf *Mc* 16,16). La Iglesia no conoce otro medio que el Bautismo para asegurar la entrada en la bienaventuranza eterna; por eso está obligada a no descuidar la misión que ha recibido del Señor de hacer 'renacer del agua y del Espíritu' a todos los que pueden ser bautizados. *Dios ha vinculado la salvación al sacramento del Bautismo, sin embargo, Él no queda sometido a sus sacramentos*" (n. 1257).

El camino extrasacramental para la salvación ha dado pie para hablar de otros dos tipos de bautismo. Esta terminología (bautismo de sangre y de deseo) es suficiente, pero imprecisa. Sabemos que toda forma de salvación no puede prescindir de la fe ni de la caridad. Puede existir sin embargo una fe y una caridad que ignoren sin culpa el camino de la Iglesia, o que lo conozcan erróneamente. Lo esencial es que esa fe y esa caridad estén abiertas a la posible agregación a la Iglesia de Cristo, tan pronto como se la conozca de modo adecuado.

Todos los tipos de bautismo reciben su eficacia de Cristo y de la acción del Espíritu. La diferencia está en el signo y no tanto en el efecto. Sólo el de agua es sacramento, pero Dios conoce los corazones y la historia personal de cada uno (Jer 17,10; Hch 1,24).

El **bautismo de sangre o martirio** es el de quienes sufren la muerte dando testimonio de Jesús; no se incluyen aquí los no bautizados que mueren por otros motivos. Jesús mismo llamó **bautismo** a sus propios padecimientos (Lc 12,50) y la tradición patrística también reconoce en el **martirio un segundo bautismo** (Cirilo de Jerusalén, Juan Crisóstomo). Sin duda fue una situación concreta de la historia, cuando muchos catecúmenos eran martirizados en las primeras persecuciones. Con el tiempo, no solo los catecúmenos han dado su vida por Cristo. Por eso san Agustín podía afirmar:

> "pues si dijo Jesucristo: 'que el que no renaciere con el agua y con el Espíritu Santo, no entrará en el reino de los cielos', en otro lugar le eximió, cuando con expresiones no menos generales dijo: 'al que me confesare delante de los hombres le confesaré Yo también delante de mi Padre, que está en los cielos'; y en otra parte: 'el que perdiere por mí su vida, ése la hallará'" (*La Ciudad de Dios*, 13,7).

El **bautismo de deseo** se mueve en un ámbito todavía más subjetivo o interior. Es allí donde Dios puede actuar con el concurso de la libertad; lo hace atrayendo al hombre y moviéndolo a rechazar lo que se opone a Él. Comienza así un itinerario personal de salvación que normalmente acaba orientándose al bautismo de agua, si no hay impedimentos graves. La Escritura ofrece puntos de apoyo para esta doctrina, en aquellos fragmentos donde se habla del poder salvífico del amor y de la fe: como le sucedió a la mujer pecadora (Lc 7,47), al publicano arrepentido en el Templo (Lc 18,13-14) o la insinuación de este deseo y de los dones del Espíritu recibidos por la familia de Cornelio antes de ser bautizados por Pedro (Hch 10,46-47).

Por eso **santo Tomás** afirma: "Se dice que el sacramento del bautismo es necesario para la salvación porque **el hombre no se puede salvar si no tiene al menos deseo de recibirlo,** lo cual cuenta para Dios como realizado" (*S. Th.* III, q.68, a.2, ad 3, en cursiva la cita de san Agustín).

> El Concilio de Trento afirma: "Si alguno dijere, que los Sacramentos de la nueva ley no son necesarios, sino superfluos para salvarse; y que los hombres sin ellos, o *sin el deseo de ellos,* alcanzan de Dios por sola la fe, la gracia de la justificación; bien que no todos sean necesarios a cada particular; sea excomulgado" (Sesión VII, canon 4).

No basta, sin embargo, el deseo universal de Dios que hay en el corazón del hombre. Por eso el magisterio ha expresado las **condiciones** para hablar con propiedad de este bautismo de deseo.

A este respecto puede consultarse la Carta del santo Oficio al Arzobispo de Boston (8.VIII.1949: DH 3866-3873). También conviene recordar aquí las palabras de otro teólogo dogmático: "los teólogos entienden por bautismo de deseo la contrición perfecta de los pecados, despertada por la gracia divina, y el deseo ardiente de Dios, producido por ella. Para el que conozca la existencia del bautismo este deseo supone el deseo expreso de recibirlo. Los que, en cambio, no tienen noticia del bautismo, están dispuestos por razón de este deseo a hacer cuanto disponga la voluntad de Dios. En el primer caso se trata de un deseo explícito del bautismo; en el segundo, de uno implícito" (*Teología dogmática*, vol. VI, Herder, Barcelona 1960, 188).

El Concilio Vaticano II (LG, nn. 14-16; AG, n.7; Declaración *Dignitatis humanae*) distingue entre quienes aceptan conscientemente a Cristo y quienes no lo han encontrado de modo significativo (o porque no alcanzan a conocerle como el verdadero y único Salvador, o por desconocimiento). Todos, sin embargo, están orientados a formar parte del pueblo de Dios de distintas maneras, situados en círculos concéntricos: los católicos en el centro, seguidos por los cristianos que han acogido el Evangelio y han sido incorporados por el bautismo; a continuación, los judíos, después los musulmanes que adoran al único Dios y, por último, los seguidores de las grandes religiones asiáticas. El Concilio reconoce una orientación a la Iglesia en las religiones no cristianas, en cuanto que los hombres se esfuerzan en vivir una vida recta: "Esto vale no solamente para los cristianos, sino también para todos los hombres de buena voluntad, en cuyo corazón obra la gracia de modo invisible. Cristo murió por todos, y la vocación suprema del hombre en realidad es una sola, es decir, la divina. En consecuencia, debemos creer que el Espíritu Santo ofrece a todos la posibilidad de que, en la forma de solo Dios conocida, se asocien a este misterio pascual" (GS, n. 22).

El bautismo de deseo **borra el pecado original y los pecados personales**, pero **no imprime carácter ni incorpora**, por tanto, como miembro del Cuerpo Místico de Cristo en todo su sentido.

3. El ministro y el sujeto del bautismo

3.1. Quién puede bautizar

El libro de los *Hechos* testimonia, como hemos visto, la praxis bautismal en la comunidad apostólica. En los textos se insinúa o, al menos, se deja la abierta la posibilidad de que no **solo los apóstoles** bautizasen: bien a los tres mil que escucharon a Pedro en Pentecostés, o al mismo Pablo probablemente bautizado por el discípulo Ananías (Hch 8,10-18) o a los cristianos de Corinto, exceptuados los que el mismo Pablo bautizó (1 Co 1, 14-16: Crispo, Gayo y la familia de Esteban).

La vida de la Iglesia en los primeros siglos y la enseñanza de los pastores coincide en afirmar que **también los laicos** pueden bautizar (Tertuliano, *De*

Baptismo 17,2) e incluso un no cristiano **cuando haya necesidad** (San Jerónimo, *Contra los luciferinos*, 9). El Sínodo de Elvira (año 303) se pronunció a favor de esta doctrina, que quedó solemnemente confirmada por el Concilio de Florencia (DH 1315).

Esta situación de orden práctico no debe entenderse como el caso habitual ni ejemplar. La teología se ha ocupado de profundizar en las **implicaciones sacramentales del don bautismal** y lo expresa de este modo:

- El **ministro ordenado** está habilitado por el sacramento del Orden para actuar *in persona Christi* en las acciones sacramentales: "El ministerio ordenado o **sacerdocio ministerial** (…) garantiza que, en los sacramentos, sea Cristo quien actúa por el Espíritu Santo en favor de la Iglesia. La misión de salvación confiada por el Padre a su Hijo encarnado es confiada a los Apóstoles y por ellos a sus sucesores: reciben el Espíritu de Jesús para actuar en su nombre y en su persona (cf *Jn* 20,21-23; *Lc* 24,47; *Mt* 28,18-20). Así, el ministro ordenado es el **vínculo sacramental** que une la acción litúrgica a lo que dijeron y realizaron los Apóstoles, y por ellos a lo que dijo y realizó Cristo, fuente y fundamento de los sacramentos" (*Catecismo*, n. 1120). Con su acción ministerial (de servicio) **hace visible** no solo la gracia donada, sino a **Cristo como donante**.

- El **ministro ordinario** del bautismo es el **Obispo**, el **presbítero** y el **diácono** (CIC, can. 861).

  > El mismo Código afirma que se trata de un encargo confiado a los párrocos, es decir, a los que tienen un cuidado pastoral confiado por el obispo. Su celo pastoral les empuja a no retrasar por negligencia esta fuente de gracia y a enseñar a sus fieles a bautizar, para los casos de necesidad (can. 861 §2).

  > Por tradición el Obispo es el encargado de bautizar a los adultos y de cuidar su preparación (can. 863).

- En caso de **necesidad y** en **ausencia de un ministro ordinario** puede bautizar un **fiel no ordenado**. Si hay **peligro de muerte** y no existen otras alternativas, también puede hacerlo **un no cristiano**. En cualquier caso, deben tener **la intención de hacer lo que hace la Iglesia cuando bautiza**. Esta expresión técnica apenas destacada significa que la Iglesia está atenta a conceder la gracia bautismal como un servicio que emana del Obispo –de su sumo Sacerdocio–; ministerialidad que es participada de modo permanente por los ministros ordenados, y de modo actual (aquí y ahora) por los no que no han recibido el Orden. En efecto, el obispo, por estar revestido de la plenitud del sacramento del orden, es "el administrador de la gracia del supremo sacerdocio (…)" y "por medio de los sacramentos, cuya administración legítima y fructuosa regulan ellos con su autoridad, santifican a los fieles. Ellos disponen la administración del bautismo, por medio del cual se concede la participación en el sacerdocio regio de Cristo" (LG, n. 26). Por tanto, el supuesto que estamos considerando es el de la **necesidad urgente** o el del **retraso imprudente** del bautismo (en comunidades que viven aisladas y sin ministros).

> Una afirmación de san Ignacio de Antioquía materializa este sentir: no es lícito conferir el bautismo sin el obispo (*Carta a los Esmirniotas* 8,2). Esto se tradujo en una costumbre eclesiástica por la que el sacerdote necesitaba tener el permiso de su obispo. A partir del s. XI desapareció esta costumbre.

3.2. Quién puede recibir el bautismo

Para hablar del sujeto el *Catecismo* (n. 1246) **y el CIC distinguen** entre los niños y los adultos, teniendo presente el uso de razón. Para ambos casos la **condición** es clara: "Es capaz de recibir el Bautismo **todo ser humano, aún no bautizado**, y solo él" (CIC, can. 864: CCEO, can. 679). La formulación latina es precisa y merece algún comentario:

- "*Omnis homo*" (todo ser humano), expresa la **universalidad** del don.

- "*solus homo, nondum baptizatus*" reafirma su **no repetibilidad y la destinación individual** de los bienes que se reciben. La celebración litúrgica subraya este hecho, justo antes de realizar el signo sacramental, con una invocación personal y nominal al sujeto presente y vivo: "N. (nombre), yo te bautizo…"

  > El CIC considera el caso de los niños no nacidos: "En la medida de lo posible se deben bautizar los fetos abortivos, si viven" (can. 870).

- "*nondum baptizatus*" también recuerda que existen **bautismos válidos fuera de la Iglesia**, distinguiendo siempre entre el bautismo verdadero y propio (con plena incorporación a Cristo) y la recepción a la plena comunión en la Iglesia Católica (para la que hay un rito de admisión). Hay bautismos válidos en las diversas confesiones cristianas (anglicanos, luteranos, calvinistas, episcopalianos, presbiterianos…), que no deben repetirse ni se administran bajo condición.

  > En estos casos se anima revisar la intención del ministro y del sujeto, así como la materia y la forma. Si las dudas persistiesen (tanto para adultos como para niños, "después de una investigación cuidadosa" CIC can. 869), se podría celebrar *sub*

condicione en privado, antes del rito de admisión. Otro modo de actuar desdice del respeto al sacramento y provocaría una herida a la causa ecuménica.

El Pontificio Consejo Por la Unidad de los Cristianos publicó un *Directorio para aplicar los principios y normas del ecumenismo* (25.III.1993).

- ## *El caso de los niños.*

La cuestión del **uso de razón** (normalmente a los 7 años) no es una cuestión de calendario o arbitraria, sino que responde a la **capacidad real de ejercer la libertad** y, con ello, de hacer un acto personal de fe.

Por eso al adulto discapacitado se le asimila al niño (CIC, can. 852 §2).

> Durante la década de los años 90 algunos teólogos y pensadores propusieron la revisión de este fenómeno pastoral. Las dificultades presentadas sostienen que la praxis se aleja del modo en que se produjeron las primeras conversiones en Pentecostés, donde a la predicación sigue la fe y el arrepentimiento que culmina en el sacramento. Asimismo –piensan estos autores– bautizar atenta contra la libertad del niño, grabando sobre él obligaciones futuras.

> La Congregación para la Doctrina de la Fe emanó una Instrucción para recordar su fundamento doctrinal con el título *Pastoralis actio* (20.X.1980). Recientemente, la Comisión Teológica Internacional ha afrontado esta cuestión en su Instrucción *La reciprocidad entre fe y sacramentos en la economía sacramental* (2020), nn. 91-94.

En la vida de la Iglesia hay indicios del bautismo de niños desde la **comunidad apostólica** en momentos clave. Es el bautismo de la **familia del centurión Cornelio** (el texto denominado el "pentecostés de los gentiles"), o la del **carcelero de Pablo y Silas** (Hch, 16,32-34) y la de Estéfanas (1 Co 1,16). El mismo **Orígenes** habla de esta praxis de origen apostólico y le siguen otros Padres, entre ellos **san Agustín.** Existen otros testimonios importantes:

- **Ireneo de Lyon** (*Adversus haer.* 2,22.4) menciona la presencia de **niños** en los ritos bautismales.

- **Cipriano de Cartago,** junto con otros obispos del Norte de África, admitía al bautismo al **segundo o tercer día del nacimiento** (Epístola 59), y animaba a no negar la misericordia de Dios a las personas de cualquier edad o estatura (*Epístola* 64).

- En la *Traditio apostolica* se habla de un bautismo por grupos: en primer lugar los **niños**, con la intervención de los padres cuando aquellos no eran capaces de hablar. Después los hombres adultos y, finalmente, las mujeres.

Durante el s. IV en **Occidente decayó esta praxis**, hecha excepción del Norte de África. El Magisterio se ha expresado en varias ocasiones sobre este particular, desde la *Epistola ad Himerium* del Papa Siricio (año 385), hasta la Profesión de fe del Papa Pablo VI (1968). Los **argumentos centrales** del magisterio y de la teología se apoyan en los siguientes pilares:

- El papel de **la fe de la Iglesia** en el proceso bautismal, tal como sostienen san Agustín (*Epístola* 98,5) y Tomás de Aquino (*S. Th.* III, q.68 a.9). La **Iglesia como madre bautiza en su misma fe**, alimentando a los niños en su seno y salvándolos, como la madre natural sostiene y promueve la vida de su hijo que, sin su concurso, correría un grave peligro de supervivencia. Se subraya así que la fe es un don recibido, causa de la fe y no solo su signo.

  > Por este motivo el Ritual prevé un breve diálogo inicial entre el celebrante y los padres-padrinos: "¿Qué pedís a la Iglesia para N.?" Y se ofrecen varias respuestas: "el bautismo", "la gracia de Cristo", "la entrada en la Iglesia" o "la vida eterna". Y, más adelante, se pide a los padres que profesen la fe de la Iglesia, "en la que son bautizados los niños".

- La educación en la fe es también un **compromiso** de los padres, que velarán por que su hijo reciba la **catequesis**, que le haga crecer y madurar en la fe. De este modo, la preparación a la fe (la predicación) queda situada después de la recepción del sacramento (*Catecismo*, n. 1231).

- La recepción de cualquier don sobrenatural reclama una **acogida o**, al menos, la **ausencia de un impedimento personal**. La Iglesia considera al niño una persona que aún no ha podido desarrollar todas sus potencialidades. Además, en cuanto no existen faltas personales, simplemente basta con que el niño no rechace el don.

- En **nuestros días** la enorme sensibilidad hacia la **libertad individual** encuentra dificultades para aceptar el **bautismo "impuesto"** a los niños, olvidando **la ley natural** que confía a la decisión de los padres cuanto atañe a su supervivencia (en cierto sentido, el niño es prolongación de la vida de los padres). El niño no elige venir al mundo, de donde se puede comprender mejor que tampoco elija su ingreso en la vida sobrenatural.

  > Ante quienes defienden lo contrario, la experiencia común demuestra cómo cada individuo se inserta de hecho en un conjunto de tradiciones culturales, filosóficas o religiosas que le permiten vivir de modo humano (*Fides et ratio*, n. 30). Con el paso del tiempo, el que fue niño deberá sopesar y decidir conscientemente si aceptar este modo de vivir que ha recibido, también la fe. La convicción con que los padres cristianos viven la fe será el mejor modo de asegurar en sus hijos un proceso dialogante, sereno y enriquecedor.

- Para la Iglesia el bautismo es más bien una **ayuda para que la libertad pueda superar las heridas de su naturaleza caída**:

    "Puesto que nacen con una naturaleza humana caída y manchada por el pecado original, los niños necesitan también el nuevo nacimiento en el Bautismo para ser librados del poder de las tinieblas y ser trasladados al dominio de la libertad de los hijos de Dios (cf *Col* 1,12-14), a la que todos los hombres están llamados. La pura gratuidad de la gracia de la salvación se manifiesta particularmente en el bautismo de niño" (*Catecismo*, n. 1250).

No obstante, la Iglesia reconoce algunos **límites** a esta praxis, que podemos sintetizar en estos **casos particulares**:

- Por derecho natural, no puede bautizarse a un niño sin el **consentimiento previo de los padres**, o al menos uno de ellos o de quien detente su lugar (CIC, can. 868). Deben existir además ciertas **garantías de una verdadera educación en la fe**, que permita el desarrollo del don recibido (*Pastoralis actio*, n. 28).

- El bautismo en familias con padres **católicos no practicantes o indiferentes** exige un discernimiento por parte de los pastores. A menos que exista un rechazo formal, basta que haya una **esperanza fundada de educación católica** para acceder al sacramento. Cabe además la suplencia de los padres a través de los padrinos, de algún familiar o del algún miembro de la comunidad cristiana (*Pastoralis actio*, n. 28 §2).

    El CIC expresa así las condiciones que deben cumplir los padrinos: "es necesario que: haya sido elegido por quien va a bautizarse o por sus padres o por quienes ocupan su lugar o, faltando éstos, por el párroco o ministro; y que tenga capacidad para esta misión e intención de desempeñarla; haya cumplido dieciséis años, a no ser que el Obispo diocesano establezca otra edad, o que, por justa causa, el párroco o el ministro consideren admisible una excepción; sea católico, esté confirmado, haya recibido ya el santísimo sacramento de la Eucaristía y lleve, al mismo tiempo, una vida congruente con la fe y con la misión que va a asumir; no esté afectado por una pena canónica, legítimamente impuesta o declarada; no sea el padre o la madre de quien se ha de bautizar" (can. 874 §1).

    Y su función consiste en "asistir en su iniciación cristiana al adulto que se bautiza, y, juntamente con los padres, presentar al niño que va a recibir el bautismo y procurar que después lleve una vida cristiana congruente con el bautismo y cumpla fielmente las obligaciones inherentes al mismo" (can. 872).

- En el caso de **padres no cristianos** está prohibido bautizar a sus hijos en contra de su voluntad. Tampoco cabría admitir al bautismo de sus hijos si lo solicitan por motivos supersticiosos.

- En el caso de **peligro de muerte** la ley natural y el bien sobrenatural en juego hacen que la Iglesia llegue a afirmar: "El niño de padres católicos, e incluso de no católicos, en peligro de muerte, **puede lícitamente ser bautizado, aun contra la voluntad de sus padres**" (CIC, can. 868 §2). En efecto, estamos en la situación límite donde la muerte va a arrebatar todo derecho natural de los padres.

- *El caso de los adultos.*

Además del uso de razón, el **RICA** señala que los adultos son aquellos que "al oír el anuncio del misterio de Cristo, y bajo la acción del Espíritu Santo en sus corazones, consciente y libremente buscan al Dios vivo y emprenden el camino de la fe y de la conversión" (OP, n. 1). Se indica así su **necesaria preparación** (catecumenado) de modo que, paulatinamente convertidos a Dios, puedan celebrar con fruto espiritual los sacramentos de iniciación. Como ya tratamos por extenso sobre el catecumenado (cfr. cap. 3), nos toca hablar ahora sobre la intención, la fe y el arrepentimiento de los adultos. El **canon 865 §1** nos servirá de guía:

> "Para que pueda bautizarse a un adulto, se requiere que haya manifestado su deseo de recibir este sacramento, esté suficientemente instruido sobre las verdades de la fe y las obligaciones cristianas y haya sido probado en la vida cristiana mediante el catecumenado; se le ha de exhortar además a que tenga dolor de sus pecados". La Comisión Teológica Internacional, en la Instrucción *La reciprocidad entre fe y sacramentos en la economía sacramental* (2020), dedica al bautismo de adultos los nn. 82-90. Allí recoge además algunas propuestas pastorales para nuestros días.

- **Manifestar el deseo** (la intención): sin el concurso de la **libertad** no es posible celebrar el sacramento. Quedan excluida la constricción física o el estado inconsciente (dormido o enfermo) del sujeto que no había manifestado su deseo. Al contrario, quien lo manifestó y se encuentra moribundo o inconsciente por enfermedad puede ser bautizado. Hablamos por tanto de una **intención habitual, suficiente** para la validez.

   > También los adultos necesitan un padrino que les ayude a actualizar su propósito durante el catecumenado y después (RICA, OG n. 8; OP, n. 43). Asimismo, la comunidad cristiana se siente urgida y responsable de la iniciación de los adultos, con unos cometidos que les son propios (RICA OP, n. 41).

- **Instruido en la fe**, con un conocimiento suficiente del depósito de la fe que, según los autores, incluye la existencia de Dios y de la remuneración por nuestras obras, el misterio de la Trinidad y de la Encarnación de Cristo, muerto y resucitado por nuestra salvación. Ésta es la **dimensión objetiva de la fe** o, técnicamente, la *fides quae*.

   > Persiste el problema –de difícil solución– en las tierras de misión, donde falta tiempo o capacidad personal del adulto para asimilar otras verdades de nuestra fe.

- **Probado en la vida cristiana**: la **dimensión subjetiva de la fe** (*fides qua*) va enriqueciéndose poco a poco en el catecúmeno. El primer deseo de conversión movido por la gracia deja paso a la apertura de la mente a lo divino, de forma que la fe buscada intelectualmente se va haciendo vida, y acaba en el propósito de recibir el sacramento. El bautismo confirmará este deseo y le dará su raíz y su signo. Por tanto, no cabe el fingimiento, es decir, la situación de quien, teniendo la intención mínima, se opone interiormente a la verdadera fe o rechaza una verdadera conversión. La **fe** del catecúmeno ha de ser **probada y vivida** con una asimilación progresiva de las virtudes cristianas, especialmente la caridad, y con el rechazo del pecado.

- **Exhortado al dolor de los pecados**: tal como sucedió en Pentecostés, la Iglesia no cesa de llamar al arrepentimiento. La invitación "convertíos" indica algo más que un cambio de vida genérico para señalar un **acto interno y sobrenatural de rechazo explícito** de los pecados cometidos. En el catecumenado podrá el adulto cambiar de mentalidad y de costumbres, con manifestaciones visibles (AG, n. 13 §2), que incluye la huida de las situaciones habituales de pecado, de la regularización de situaciones familiares incoherentes con la fe, el abandono de profesiones deshonestas… Con este fin el catecumenado, ya desde antiguo, mantuvo costumbres penitenciales sobre todo **el ayuno y la oración**. Sin embargo, esto no significa que el bautismo, a diferencia del sacramento de la reconciliación, tenga necesidad de satisfacción, pues inserta al catecúmeno en el Misterio pascual, sacrificio perfecto. El fin de las prácticas de oración y penitencia buscan **reavivar y ejercitar** el arrepentimiento y el dolor.

    Como el arrepentimiento no tiene incidencia sobre la validez del bautismo, pide de suyo que en peligro de muerte e incluso ante la duda sincera sobre la veracidad del dolor de contrición, se administre de modo absoluto (no bajo condición).

4. La gracia del bautismo, puerta de los sacramentos

Los Padres de la Iglesia, que son el enlace con la comunidad apostólica y sus escritos, se asombraron de la riqueza del bautismo y cantan sus nombres o acumulan sus efectos:

"Al igual que Cristo, que es el donador, también el don recibe muchos y variados nombres: es quizás el gozo ilimitado que nos proporciona –en efecto, los que están muy enamorados gustan de galantear al objeto amado con apelativos diversos– o porque la variedad de beneficios nos sugiere múltiples nombres. Lo que llamamos Don, Gracia, Bautismo, Iluminación, Unción, Vestidura de inmortalidad, baño del nuevo nacimiento, sello: en fin, todo lo que es excelente" (Gregorio Nacianceno, *Oratio* 40,4).

Corresponde al **Magisterio** aclarar la **relación** entre estos **efectos y nombres**, mientras que a la **teología** le compete **exponerlos** con orden. Por eso el *Catecismo* afirma que dos son los efectos principales: "la **purificación** de los pecados y el **nuevo nacimiento** en el Espíritu Santo" (n. 1262); y congruentemente, llama a este sacramento **bautismo**, en cuanto que es un baño de inmersión que simboliza la sepultura con Cristo y nacimiento a una vida nueva, y privilegia la expresión neotestamentaria de **baño de regeneración** (n. 1214-1215). La teología añade además el **carácter bautismal** como efecto estructurante de los demás.

4.1. La purificación de los pecados

La conciencia de la praxis bautismal desde la comunidad apostólica y los escritos del NT es clara: el bautismo **perdona** los pecados. Los Padres enriquecen este efecto y explicitan los fundamentos teológicos a través de sus comparaciones, o con su lectura tipológico-sacramental de los símbolos de la celebración. Desarrollan un lenguaje rico en comparaciones que, si bien no agotan la realidad, ayudan a la catequesis y la comprensión de sus fieles. Con el paso del tiempo y por distintas vicisitudes, la doctrina católica dio **excesivo realce a este efecto**, reduciéndolo algunas veces a sus aspectos más formales o jurídicos.

De nuevo el *Catecismo* nos marca la **pauta** con dos números que comentamos:

> "Por el Bautismo, *todos los pecados* son perdonados, el pecado original y todos los pecados personales, así como todas las penas del pecado (cf DS 1316). En efecto, en los que han sido regenerados no permanece nada que les impida entrar en el Reino de Dios, ni el pecado de Adán, ni el pecado personal, ni las consecuencias del pecado, la más grave de las cuales es la separación de Dios" (n. 1263).

> "No obstante, en el bautizado permanecen ciertas consecuencias temporales del pecado, como los sufrimientos, la enfermedad, la muerte o las fragilidades inherentes a la vida como las debilidades de carácter, etc., así como una inclinación al pecado que la Tradición llama *concupiscencia*, o metafóricamente *fomes peccati*: "La concupiscencia, dejada para el combate, no puede dañar a los que no la consienten y la resisten con coraje por la gracia de Jesucristo. Antes bien "el que legítimamente luchare, será coronado" (2 Tm 2,5)"" (n. 1264)

- El pecado original **no** es una culpa **directamente imputable a la responsabilidad de cada hombre**, sino que describe el estado objetivo de desorden en el que se encuentra el hombre ante lo divino.

- Las **penas**, es decir, el castigo merecido y proporcionado por el pecado cometido, quedan **borradas**, en cuanto que el bautizando entra en contacto con la Pasión de Cristo (*S. Th.* III q.69 a.2).

- Las **penalidades** (las heridas sobre la vida presente) suelen resumirse en las **cuatro heridas** de nuestra naturaleza: la **ignorancia** en la inteligencia, la **malicia** en la voluntad, la **concupiscencia** ante el bien fácil, la **debilidad** ante el bien arduo. A esta enumeración se le suman los aspectos físicos o corporales –arriba mencionados– que experimentamos en nuestra convivencia con un cosmos que ya no es el Paraíso.

- Estas heridas o debilidades no son curadas del todo y hacen difícil el obrar sobrenatural. Nuestra **libertad**, en sinergia con las gracias de Dios durante el resto de la propia vida, irá resanando poco a poco nuestra naturaleza y nuestro obrar, hasta alcanzar incluso la capacidad de dar sentido a las limitaciones físicas o corporales, en una actitud de aceptación y adoración. Hemos sido liberados de la condición de esclavitud, pero permanece todavía la concupiscencia que exigirá actos libres de adhesión a Cristo, para amar con amor sobrenatural.

Una vez desaparecido el obstáculo, el bautizado recibe o, mejor dicho, se reviste de la **santidad o** de la **justificación** –realidades afines, casi sinónimas– (1 Co 6,11). Los Padres asumen este binomio y señalan que su fuente está en la **santidad de Cristo**, con el que el rito pone en comunión (Cirilo de Jerusalén, *Catequesis mistagógica* 3,6), gracias a la **acción del Espíritu**, "autor y creador de la santificación" (Dídimo de Alejandría, *De Spiritu Sancto*, 13). Este paso del reino de las tinieblas a la luz hace famosa la denominación del bautismo como "**iluminación**" y los cristianos son, a partir del baño, hijos de la luz o iluminados (cfr. Hb 6,4; 10,32).

4.2. Nuevo nacimiento por el baño de regeneración

La expresión "baño de regeneración" aparece en la **Carta de Pablo a Tito** (3,5). Es adecuada para designar otro efecto principal, porque subraya el volver a nacer (Jn 3,5), el paso de la muerte a la vida como criatura nueva (2 Co 5,17).

Ser regenerado implica **recibir la naturaleza del generante**. Desde la teología de Pablo sabemos que esto viene por la inserción en Cristo, concretamente en su Misterio pascual, a través de una "muerte parecida a la suya" (cfr. Rm 6,3-5). Ella nos conforma con Cristo con su vida y su pascua (paso) hacia un modo de existencia como Resucitado: esa vida nueva se derrama sobre no- sotros. Eso es un **nuevo nacimiento espiritual** donde Cristo nos concede su **Espíritu** (Rm 8,2; 1 Co 12,13) para participar de ese nuevo modo de existencia pneumatológica de Cristo. Tal participación solo será **plena** cuando nuestros cuerpos resuciten.

> Por eso el Concilio de Trento habla de la justificación en estos términos: "el paso de aquel estado en el que el hombre nace hijo del primer Adán, al estado de gracia y de 'adopción de hijos de Dios' (Rm 8,15) por el segundo Adán, Jesucristo Salvador nuestro; paso, ciertamente, que después de la promulgación del Evangelio, no puede darse sin el lavatorio de la regeneración o su deseo (...)" (DH 1524)

Eliminado el obstáculo (los pecados), se infunde un principio de vida nueva. El NT habla de esta admirable novedad, como manifiestan muchos textos: el nacer de Dios que es típico de Juan, tanto en el diálogo de Jesús con Nicodemo (Jn 3, 3ss.) como en otros momentos (Jn 1, 13; 1 Jn 2,29; 3,9; 4,7; 5,1.4.18), o los textos de las cartas pastorales que hablan del ser **engendrados por Dios** a causa de su propia voluntad (St 1,18; 1 Pe 1,3.23).

El término empleado dice literalmente "**adopción filial**" (*huiothesía*), que está tomado del lenguaje jurídico greco-romano y semítico. Pero por su carácter extrínseco es pobre para designar la realidad fuerte que acontece. Por eso se ha preferido hablar de **filiación** y llamar a los cristianos **hijos de Dios** (Gal 3,26; Ef 5,1; Jn 1,12; 1 Jn 3,1-2.10). En efecto, se comunica una vida nueva realmente a través del símbolo sacramental, que pone en contacto real con Cristo (Flp 1,21), el Espíritu (Gal 5,18.25) y el Padre (Rm 6,9-11), estableciendo con ellos una nueva relación. No obstante, aunque somos partícipes de la nueva vida del Resucitado (de su segundo nacimiento en cuanto hombre), los cristianos somos **hijos por gracia** a diferencia de la filiación natural de Cristo.

> Si comprendemos esta novedad en todo su alcance, valoraremos el lenguaje de san Pablo que ve en el cristiano una novedad radical que afecta al hombre entero: mente (Rm 12,2), espíritu (Ef 4,23) y al hombre interior (2 Co 4,16), gracias a la acción del Espíritu de Jesús (Tt 3,5). Los autores cristianos posteriores siguen a Pablo y utilizan verbos del mismo campo semántico (transformar, recrear, reordenar, rehacer) e imágenes diversas, entre las que destaca aquella más bíblica de la restauración de la imagen del Creador en su criatura. Remodelados como el barro en manos del Alfarero (Jer 18,1-6) o metidos en el crisol para forjar de nuevo la estatua desfigurada por la herrumbre.

> El tono de la comunidad cuando vivía las celebraciones bautismales solo podía ser festivo y alegre. En la catequesis patrística destaca el aspecto de la *parrèsía*,

que tanto recuerda el Papa Francisco. Su etimología viene a expresar un "declararlo todo", pero en el lenguaje cristiano significa la seguridad de que goza el cristiano en relación con Dios (confianza y familiaridad), con los enemigos de su salvación (inmunidad y valentía), con el testimonio de su fe (libertad y osadía) y con su destino final (garantía y tranquilidad). Esta actitud, presente en Jesús y en los apóstoles, distinguió a los cristianos desde el inicio. Y concede "confianza y familiaridad (*oikeiôsis*) con Dios. En el bautismo el cristiano recupera la relación de intimidad con Dios que los primeros padres perdieron con su pecado. Está directamente ligada con la filiación divina y el parentesco con Dios que resulta de ella. Permite al bautizado acercarse a Dios con cara descubierta, sin tener que avergonzarse (…). Le da derecho a llamarle con el nombre de Padre y dirigirle la oración del Padrenuestro. Le otorga gran crédito ante Dios en sus misiones y embajadas en favor propio o de los hermanos" [Oñatibia, p. 200].

4.3. El carácter bautismal

El carácter como **efecto indeleble** de algunos sacramentos es una cuestión clásica del tratado sobre los sacramentos en general. Desde que se empezó a hablar del bautismo, éste parece relacionado con expresiones que indican que el bautizado es marcado con una impronta o **sello** (*sigillum, sphragis, character*). En Occidente esta relación se ha tematizado en la doctrina sobre el carácter sacramental. El Concilio de **Trento lo definió solemnemente** y el magisterio del Vaticano II asume el carácter bautismal como una deputación (dedicación, capacitación) al culto de la religión cristiana (cfr. LG 11 §1; *S. Th.* III, q.63 a.3). Esta acepción ha sido ampliada por el *Catecismo* que, sin hacer propias todas las distinciones teológicas que trataremos después, prefiere optar por un lenguaje que bebe en la tradición bíblica y patrística. De la lectura de los números más importantes (nn. 1272-1274; 1121) se sigue que:

- El carácter recibe **varias denominaciones**: sello espiritual, sello del Señor o de la vida eterna, sello de la fe, consagración.

- **Es realizado por el Espíritu Santo**, de modo inmediato, impreso en la parte espiritual del bautizado.

- De él se sigue una **nueva condición ontológica y existencial**: configuración con Cristo, pertenencia a Cristo, incorporación a la Iglesia según estados y funciones diversas, capacitación para el culto sacramental durante las celebraciones de la liturgia, y el culto espiritual de toda la vida de fe y de obras de caridad.

- Su **naturaleza** se entiende como **participación indeleble en el sacerdocio de Cristo** (sin el que no hay culto agradable al Padre), como disposición para recibir los bienes de Dios, promesa y garantía de protección divina.

La fe de la Iglesia parte de la revelación de la Sagrada Escritura. En el **AT** existe la marca con un sentido religioso, bien como garantía de la protección de YHWH (Ez 9,4), bien como señal de pertenencia al pueblo de la Alianza (referido a la circuncisión). El **NT** habla del bautismo asumiendo esta herencia y conecta tales beneficios con el Espíritu Santo (2 Co 1,21-22; Ef 1,13; Ap 7,2-6). Es una **señal que realiza Dios mismo** (sujeto de los verbos de esos pasajes del NT).

Los Padres antes de san Agustín utilizan el nombre de "**sello**" como uno de los nombres del bautismo o de todo el proceso de iniciación cristiana, en cuanto evento salvífico irreversible (no en cuanto rito), que depende de la voluntad irrevocable de Dios (cfr. Rm 11,29). Paulatinamente empiezan a distinguir esta realidad indestructible de los efectos de la gracia que el hombre puede marchitar con sus decisiones libres, hasta llegar incluso a buscar en la misma celebración ritual el momento particular en que se produce aquél (sea la unción o la signación). La distinción no es clara aún. La reflexión de **san Agustín** frente a los donatistas alcanza una cota mayor que le llevó a sostener la existencia de un **efecto inmarcesible o permanente**, por el que el bautizado es consagrado a Dios e incorporado a la Iglesia. Lo llamó *sacramentum* o *character dominicus*, cuya naturaleza ya hemos encontrado en la Biblia, es decir, consagración, pertenencia, título de protección y disposición para recibir los dones de Dios.

> El fundamento de su naturaleza indeleble se sigue, entre otras cosas, de la tradición ininterrumpida de no repetir el bautismo, ni siquiera cuando se haya recibido en una comunidad cismática o de herejes. Así se expresan la Carta del Papa Siricio del 10.II.385 (DH 183) y, últimamente, el Vaticano II en el Decreto *Unitatis redintegratio*, n. 3 §1.

La teología de **Tomás de Aquino** es rica en este punto. El carácter es sobre todo **una potencia** y un **signo configurativo y distintivo**. Se trata de un **poder** que se inserta en la parte espiritual-cognoscitiva del hombre que le permite participar en y del culto divino o, con otras palabras, en el sacerdocio de Cristo, del que deriva todo acto de culto (*S. Th.* q.63, a.3). Esta potencia es **pasiva** para el carácter bautismal y **activa** para el carácter sacerdotal de los ministros ordenados.

> La argumentación del Aquinate tiene lógica interna: es imborrable por la fidelidad de Dios, por la fuente de la que participa (el sacerdocio eterno y definitivo de Cristo) y por el "lugar" donde se imprime (la parte espiritual del hombre). Pero

debido a que la voluntad es cambiante y a que los actos de culto son actos de fe, el carácter queda impreso en la parte cognoscitiva (*S. Th.* q.63, a.2).

Es además un **signo configurativo** que asemeja a Cristo. En la cultura antigua el carácter-sello indicaba la marca aplicada a los soldados y a los esclavos, como un signo de reconocimiento, distinción y de pertenencia al rey o al amo. En este contexto cultural los Padres asumieron el término para indicar por analogía este aspecto configurativo: los cristianos llevan consigo la imagen de su Rey, Jesucristo; pertenecen a su reino, son de su propiedad porque Él los ha comprado y rescatado (1 Co 6,20). La inserción bautismal en la muerte y resurrección de Jesús transforma al hombre y lo hace conforme a la imagen de Cristo *passus et gloriosus*. Esta **conformación sacramental** es un reclamo constante para que el cristiano se identifique en sus obras, pensamientos y actitudes a Jesús a lo largo de su vida (Flp 2,5; 1 Co 2,16), dando así un **sentido vocacional** a toda la existencia personal (Rm 8,29) como búsqueda de la santidad (LG, n. 11 §3).

Finalmente es un **signo distintivo**, en cuanto que diferencia entre los ya incorporados a la Iglesia y los que están ordenados a esa incorporación de modos diversos. Es cuanto afirma Pedro en su catequesis para explicar el antes y el después del bautismo: antes eran un no-pueblo, **ahora sois pueblo de Dios** y dignos de la misericordia divina (1 Pe 2,10). Por voluntad de Dios este pueblo es sacerdotal y regio (Ap 5,10), llamado a un culto espiritual (Rm 12,1) o, en otras palabras, a ofrecer víctimas espirituales por medio de Jesucristo (1 Pe 2,5).

De este modo volvemos a la **potencia pasiva** del bautizado, por la que, además de ser habilitado, **asume derechos y obligaciones**: ejercita su sacerdocio común en su aspecto cultual, profético y real, llevando a cabo la misión de la Iglesia en la parte que le corresponde, profesando públicamente su fe (LG, n. 11 §1), extendiendo el Reino de Dios entre todos los hombres (*Apostolicam actuositatem*, n. 3 § 3), con una vida santa y de caridad (*Catecismo*, n. 1273).

También los Padres entendieron que el **cristiano** configurado con Cristo se hacía **sacerdote, rey y profeta** (Ireneo de Lyon, *Demonstratio apostolica.* 47), como fruto de la unción. Desde esta perspectiva se comprende el protagonismo del Espíritu Santo –origen de toda misión en la Iglesia– que capacita a los bautizados para las tareas encomendadas, y les concede la protección que necesitan (Cirilo de Jerusalén, *Catequesis mistagógicas* 3, 13-14; León Magno, *Sermón* 4,1). Asimismo, ha permitido explicar el bautismo con la **tipología de las unciones** de los reyes, profetas y sacerdotes (AT), o con la unción de Jesús en el Jordán (NT).

La confirmación es un sacramento que despierta **interrogantes** ineludibles: la relación bautismo-confirmación y lo específico del segundo sacramento; la evolución de su signo sacramental y la pregunta por el núcleo esencial; la praxis oriental donde el ministro es el presbítero parece desdecir del testimonio del NT; la celebración de la confirmación separada del bautismo en el tiempo…

Para arrojar luz sobre estos particulares conviene no confundir las preguntas de la teología con la vida de la Iglesia. Podemos constatar estos **hechos y principios metodológicos** ciertos [Oñatibia, pp. 218ss.]:

- Lo que hoy llamamos **confirmación** siempre ha estado **conectado** con el proceso de la **iniciación cristiana**. Solo así se podrá entender como eslabón intermedio o **segundo sacramento**, prolongación del bautismo y antesala de la Eucaristía.

- En la confirmación hay algo más que se añade al don bautismal, una **perfección** del mismo (*Catecismo*, n. 1285). No es solo una nueva expresión litúrgica de lo sucedido en el bautismo, ni una ratificación personal del mismo. Tampoco es el momento en que se recibe el don del Espíritu, porque eso tuvo lugar previamente en el bautismo.

- La **tradición** es **universal y unánime** para expresar que la confirmación siempre ha estado **relacionada con el Espíritu Santo**. Sin embargo, no se puede atribuir a la confirmación todo lo que la Escritura y la tradición menciona sobre el don del Espíritu.

- La interpretación de los **datos históricos** debe tener en cuenta que:

- En los primeros siglos los **sacramentos** eran celebrados como una **unidad litúrgica** completa.

- Hay **dos caminos diversos** en la tradición de Oriente y de Occidente.

- La teología tardó en darse cuenta de que algunos ritos postbautismales tenían una **entidad propia**.

- Hay **testimonios** que se refieren al conjunto de la iniciación y otros al segundo sacramento.

- Los **textos y símbolos litúrgicos** vienen en nuestra ayuda, junto a la interpretación que los Padres hacen de ellos, así como el Magisterio y, en otro orden, los teólogos.

El *Catecismo* Romano de Trento aclara con lucidez que el nombre de este sacramento indica que "por su virtud Dios confirma en nosotros lo que comenzó a obrar en el bautismo, y nos conduce a la perfección de la firmeza cristiana" (Parte IIª, cap. III, n. 21).

La confirmación es un sacramento "difícil", pero **verdadero sacramento**, uno de los siete signos mayores perteneciente al septenario sacramental (Concilio de Trento, DH 1628). Son testimonios de esto la liturgia y la tradición viva.

5.1. La historia ritual y la tradición eclesial

A propósito de este sacramento las **denominaciones han variado** a lo largo de la historia. El **NT** usa la expresión *manuum impositio*, en continuidad con la tradición del AT acerca de la transmisión del Espíritu. Los apóstoles imponían las manos y oraban, después del baño bautismal y se verificaba una renovación sacramental de Pentecostés.

Sin embargo, la tradición paulina y joánica hablan de la unción y del sello. Así por ejemplo, Pablo afirma que "es Dios quien nos confirma con vosotros en Cristo, y quien nos ungió, quien nos marcó con su sello, y nos dio como arras el Espíritu en nuestros corazones" (2 Co 1,21-22). Y Juan recuerda a los cristianos que "tenéis la unción del Santo" (1 Jn 2,20). Y "la unción que recibisteis de él permanece en vosotros (1 Jn 1,27).

El término "**consignar**", que deriva del griego σφραγις de los textos paulinos (2 Co 1,22), aparece en los libros litúrgicos con el sustantivo *signaculum*, como un **gesto de la cruz realizado con el crisma sobre la frente del bautizado**, para significar su toma de posesión por parte de Cristo y su pertenencia a la Iglesia. Los dos verbos latinos *consummare* y *perficere* aparecen también casi como sinónimos en Occidente en los libros litúrgicos, para indicar la **plenitud** del don bautismal del Espíritu (Cipriano, *Epist.* 73,9). Pero la terminología predominante es la de **confirmación**, presente en todas las lenguas románicas y germanas.

El texto más antiguo de esta terminología pertenece a san Ambrosio (*De mysteriis* 7,42). El uso de los términos *confirmatio-confirmare* se remonta al Concilio de Riez (439) como uno de las acciones propias de un obispo (*confirmare neophytos*).

Para expresar el don del Espíritu, pronto a la imposición de las manos se añadió la **unción con óleo perfumado**. De este modo entraba en escena la tradición paulina y joánica de la unción, tal como recoge Teófilo de Alejandría (+183) y la misma *Traditio apostolica* o Tertuliano.

Además, encontramos en los rituales de la iniciación de adultos una **celebración conjunta** de ambos sacramentos, pero en lugares distintos: en el baptisterio (baño bautismal), o en otro lugar (imposición de manos o unción con crisma). El "otro lugar" varía y podía ser el presbiterio, delante de la asamblea o en el *sacellum consignationis* (sala o recinto de la unción).

> Aunque esta fue la praxis habitual, hay diversos modos de celebrar el signo sacramental. En Oriente es unánime el uso del *myron*, mientras que en Occidente prevalece la imposición de las manos.

Según los **Padres**, la gracia de la confirmación "**perfecciona**" el bautismo, pero no explican más, en cuanto que para ellos la *consignatio* era el momento culminante de la primera etapa de la iniciación sacramental, que era una unidad celebrativa y orgánica. Ambrosio y la tradición occidental relacionan la perfección de la vida sobrenatural con **los siete dones del Espíritu Santo**, que hace al alma dócil a sus inspiraciones. Otra línea la interpreta como **el despertar de los sentidos espirituales** en cuanto que son ungidos los sentidos corporales (Cirilo de Jerusalén), o como **la apertura nativa a los dones de Dios** y a su correcta comprensión, y a **la experiencia de su presencia en el mundo, en la Iglesia y en nosotros mismos** (Gregorio de Nisa).

5.2. La teología y sus caminos propios

La **distinción** de ambos sacramentos está ya presente en el canon 38 del **Concilio de Elvira** (s. IV: DH 120). La terminología que los teólogos usan para distinguirlos toma pie de comparaciones con la vida natural (nacimiento en el bautismo, crecimiento o madurez en la confirmación) y con el mundo militar (el reclutamiento en el bautismo, la equipación para el combate en la confirmación). Como vimos en el cap. 4, la teología medieval tomó como punto de partida la conocida Homilía de Fausto de Riez, de forma que la perfección se relacionaba con un aumento de gracia para la lucha contra los enemigos de la fe. **Santo Tomás** asume esta dirección cuando habla de una plenitud del Espíritu *ad robur spirituale* para **testimoniar la fe y predicar el evangelio** en el mundo (*S. Th.* III, q.72, a.5). El interés de otros teólogos medievales se escoró hacia su efecto propio y por la situación del que muere sin recibirlo. En este mismo sentido se han expresado el Magisterio (LG, n. 11; AG, n. 11), muchos teólogos y la misma catequesis, hasta nuestros días.

El *Catecismo* parece apuntar en una dirección diversa cuando, al hablar de los **efectos** (nn. 1303-1305), pone de relieve el **valor histórico-salvífico y eclesiológico** de esta perfección, incluyendo el carácter:

"(...) la Confirmación confiere crecimiento y profundidad a la gracia bautismal: nos introduce más profundamente en la filiación divina que nos hace decir "*Abbá*, Padre" (*Rm* 8,15); nos une más firmemente a Cristo; aumenta en nosotros los dones del Espíritu Santo; hace más perfecto nuestro vínculo con la Iglesia (cf LG 11); nos concede una fuerza especial del Espíritu Santo para difundir y defender la fe mediante la palabra y las obras como verdaderos testigos de Cristo, para confesar valientemente el nombre de Cristo y para no sentir jamás vergüenza de la cruz."

"La Confirmación, como el Bautismo del que es la plenitud, solo se da una vez. La Confirmación, en efecto, imprime en el alma *una marca espiritual indeleble*, el "carácter" (cf DS 1609), que es el signo de que Jesucristo ha marcado al cristiano con el sello de su Espíritu revistiéndolo de la fuerza de lo alto para que sea su testigo (cf *Lc* 24,48-49)".

"El "carácter" perfecciona el sacerdocio común de los fieles, recibido en el Bautismo, y "el confirmado recibe el poder de confesar la fe de Cristo públicamente, y como en virtud de un cargo (*quasi ex officio*)" (Santo Tomás de Aquino, *Summa theologiae* 3, q.72, a. 5, ad 2)".

Algunos teólogos han seguido estas fructíferas indicaciones y han profundizado en la comprensión de la *perfectio* desde la historia de la salvación. Para ellos, es inapropiado introducir separaciones de razón (sacramento del bautismo o de la confirmación) en la participación sacramental del único evento pascual-pentecostal de la iniciación cristiana. Es, sin duda, un evento articulado, donde intervienen Dios, el hombre y la Iglesia en planos distintos. Por eso, la **perfección** de la confirmación (Padres) o alcanzar la **edad perfecta** (Tomás de Aquino) **no** se deben a la **imperfección del bautismo o del don de Dios**; la perfección adviene en la persona del bautizado, por la que madura su existencia cristiana y su responsabilidad por la misión y por la edificación de la comunidad.

En efecto, no se "duda" de Dios respecto al don bautismal, sino de la situación real del hombre, que es histórico, libre, siempre perfectible en su identificación con Cristo y en la docilidad al Espíritu; que encuentra en la Eucaristía otra *perfectio* sacramental también progresiva de lo ya comenzado; que descubre en las restantes celebraciones litúrgicas –los sacramentales, la Liturgia de las Horas y el Año litúrgico, la Palabra– una preparación para las sucesivas gracias que jalonan su existencia; y todo ello, adquiriendo la conciencia viva de que el testimonio cristiano y el ejercicio de la caridad son su lugar propio, a la espera de la perfección total que solo puede acontecer en la Parusía, en los cielos nuevos y en la tierra nueva. Estamos, por tanto, ante una **concepción dinámica, histórico-salvífica y sacramental de la existencia del bautizado-confirmado**.

Los **obispos** son los **ministros originarios** de la confirmación (LG, n. 26 §3; *Catecismo* n. 1312). Una terminología precisa que recuerda la **exclusividad apostólica** de este ministerio, incluso cuando lo celebra un presbítero, que siempre usará el crisma consagrado por el ministro originario, el obispo y solo él.

En Occidente el obispo es además el ministro ordinario (CIC can. 882). Se le exhorta además a que esté disponible para celebrarlo, para subrayar el significado propio de la confirmación: "la administración de este sacramento por ellos mismos pone de relieve que la Confirmación tiene como efecto unir a los que la reciben más estrechamente a la Iglesia, a sus orígenes apostólicos y a su misión de dar testimonio de Cristo" (*Catecismo*, n. 1313). Subyace aquí la **visión histórico-salvífica** que une confirmación y Pentecostés, donde los apóstoles recibieron una efusión especial del Espíritu. El don recibido **por ellos y por sus sucesores lo transmitieron** con la imposición de las manos.

Si concurren **motivos graves**, el obispo puede **delegar** a determinados presbíteros esta facultad (CIC can. 884). Existen además **otros casos** en los que, por derecho, los **presbíteros pueden** conferir la confirmación como **ministros extraordinarios** (CIC can. 883). En **Oriente** la disciplina vigente e ininterrumpida reconoce como **ministros ordinarios a los presbíteros** (CCEO can. 694). Pueden administrar la confirmación junto al bautismo o en otro momento (OE, n. 14). En ambos casos, siempre ungirán con el crisma o el *myron* (también consagrado exclusivamente por el patriarca). Ellos son cooperadores del orden episcopal (PO, n. 2) y no detentan de suyo la función de confirmar.

Después de tantas páginas sobre la unidad de la iniciación, podría parecer superfluo hablar sobre la **necesidad de la confirmación**. Sin embargo, la exposición sistemática no la puede eludir [Goyret, pp. 168ss.]. La fuente magisterial más antigua sobre su necesidad es el **Concilio de Elvira** (año 303). Se llega decir que peca gravemente quien no la quiere recibir por desprecio (Papa Martín V: DH 1259), y en positivo se anima a que todos los fieles la reciban en el tiempo oportuno (CIC can. 890). Tienen una especial **responsabilidad** los padres, los educadores y los párrocos.

"Todo **bautizado**, aún **no confirmado, puede y debe** recibir el sacramento de la Confirmación" (CIC can. 889 §1). Los catecúmenos adultos recorren el itinerario que ya hemos presentado, donde se incluye la confirmación. Quedan pendientes otros casos, que nos ponen delante la cuestión de la edad para recibirla, que debe ser iluminada primero por la teología y después expresada en la pastoral. Huyendo de toda "instrumentalización" del sacramento y de su catequesis como medios para evitar la huida de los fieles de la vida eclesial, debe considerarse el grave daño de privar durante demasiado tiempo de la gracia sacramental a quienes la necesitan para perseverar.

El Ritual de la confirmación establece la **edad de siete años** para la Iglesia latina, pero deja a la **prudencia de los obispos un retraso** en vistas de una preparación oportuna (n. 15). El dato es que la edad de su efectiva celebración oscila entre los 12 y los 18 años; no parece adecuada tampoco la situación de quienes retrasan hasta el final de la adolescencia o, incluso, como paso previo para el matrimonio canónico.

Por último, conviene recordar que este sacramento **exige** que el sujeto tenga una **intención**, al menos, habitual y **no tenga conciencia de pecado grave**.

> Y recuerda el *Catecismo* un caso especial: "Sin embargo, en peligro de muerte, se debe confirmar a los niños incluso si no han alcanzado todavía la edad del uso de razón (cf CIC can. 891; 893,3)" (n. 1307).

> Sobre la preparación de los candidatos (ya bautizados de niños) se sugieren algunos principios (nn. 1309-1310).

Ejercicio 1. Vocabulario

Identifica el significado de las siguientes palabras y expresiones usadas:

- Materia y forma de un sacramento
- Justificación (en clave teológica)
- Parresía
- Concupiscencia
- Modernismo (en teología)

Ejercicio 2. Guía de estudio

Contesta a las siguientes preguntas:

1. Estructura sacramental del bautismo (materia y forma).
2. Explicación teológica sobre la existencia de las vías sacramentales para la salvación.
3. El bautismo de sangre y de deseo.
4. El bautismo de los niños en la Escritura y la Tradición.

5. Praxis actual del bautismo de niños: dificultades, pastoral, la voz del CIC.

6. Efectos del bautismo.

7. ¿Qué significa que la confirmación perfecciona el bautismo?

8. El ministro de la confirmación en Oriente y Occidente.

9. ¿Quién puede celebrar la confirmación?

10. Explicación teológica del carácter bautismal.

Ejercicio 3. Comentario de texto

Tomás de Aquino, Suma Teológica, q.66, a. 11-12

"Respondo: Como ya se ha dicho anteriormente (a.2 ad 1; a.9 ad 1; q.62 a.5), el bautismo de agua recibe su eficacia de la pasión de Cristo –a la que uno queda configurado por el bautismo– y del Espíritu Santo como de la causa primera. Y, aunque el efecto dependa de la causa primera, ésta, sin embargo, sobrepasa el efecto y no depende de él. Y por eso, sin recibir el bautismo de agua, alguien puede recibir el efecto sacramental de la pasión de Cristo configurándose a ella mediante el sufrimiento por Cristo. Por lo que se dice en Ap 7,14: *Estos son los que vienen de la gran tribulación y han lavado sus túnicas y las han blanqueado en la sangre del cordero*. Y por la misma razón, uno puede conseguir el efecto del bautismo por virtud del Espíritu Santo no solo sin el bautismo de agua, sino también sin el bautismo de sangre, por cuanto su corazón es movido por el Espíritu Santo a creer en Dios, a amarle y a arrepentirse de sus pecados, por lo que también se le llama bautismo de penitencia. De él se dice en Is 4,4: *Cuando el Señor haya lavado la inmundicia de la hija de Sión, y haya limpiado la sangre de Jerusalén del interior de ella con espíritu de justicia y ardor*. Así pues, a cualquiera de estas dos modalidades de bautismo se la llama bautismo por hacer las veces del bautismo. Por lo que dice San Agustín en IV *De unico Baptismo parvulorum*: Que el martirio hace en ocasiones las veces del bautismo, lo argumenta con fuerza. San Cipriano habla de aquel ladrón no bautizado a quien se le dijo: "Hoy estarás conmigo en el paraíso". Y yo, considerando esto bien, llego a la conclusión de que no solo el sufrimiento por el nombre de Cristo puede suplir la falta del bautismo, sino también la fe y la conversión del corazón, si por falta de tiempo no se puede celebrar el sacramento del bautismo."

"Respondo: Como acabamos de decir (a.11), el derramamiento de la sangre por Cristo y la acción interior del Espíritu Santo se llaman bautismos en cuanto que producen el efecto del bautismo de agua. Ahora bien, el bautismo de agua recibe su eficacia de la pasión de Cristo y del Espíritu Santo, como se ha dicho. Cierto que estas dos causas actúan en cualquiera de los tres bautismos, pero de modo más excelente en el bautismo de sangre. Porque la pasión de Cristo actúa en el bautismo de agua por una representación figurativa; en el bautismo de deseo o de penitencia, por un afecto ardiente; pero en el bautismo de sangre actúa por imitación de la misma realidad. De modo semejante, también la virtud del Espíritu Santo actúa en el bautismo de agua por una virtud latente; en el bautismo de penitencia, por una conmoción del corazón; pero en el bautismo de sangre, por un intensísimo impulso de amor y afecto, según las palabras de Jn 15,13: *Nadie tiene más amor que el que da la vida por sus amigos.*"

TEMA 7

LA EUCARISTÍA: CULMEN DE LA INICIACIÓN CRISTIANA

Detrás de la expresión "orden de los sacramentos" subyacen varias cuestiones, a distintos niveles, que han sido ampliamente debatidas en la historia: los criterios que justificaron cambios de orden en su celebración, la edad adecuada o exigible para recibirlos, la teología sobre cada sacramento y su relación con los otros dos… La eucaristía es considerada como culmen de un proceso; de su vivencia celebrativa nace una espiritualidad característica.

SUMARIO

1. Una mirada a la historia: el "orden de los sacramentos" de la iniciación

Nuestro propósito es presentar **en titulares** una historia donde encuadrar las cuestiones mencionadas en la introducción de este capítulo. Empezamos en el s. XIII, donde se puede documentar la separación del bautismo y la confirmación, con la progresiva celebración en momentos diferentes (en el Pontifical de Guillermo de Durando).

> Este Pontifical es un libro litúrgico de la diócesis de Mende, que se difundió extraordinariamente en el rito latino e inspiró la liturgia del Concilio de Trento.

Por otro lado, el Magisterio había declarado de modo unánime **la reserva episcopal** de la potestad para administrar la confirmación. La situación pastoral en Occidente demuestra una **ausencia del obispo**, incluso durante años, de la vida de sus parroquias. Los párrocos entonces optaron por **adelantar** la comunión eucarística.

La cuestión de la edad para recibir la confirmación en los niños no resulta relevante hasta el s. XII. El motivo fue de orden pastoral con el fin de evitar que se repitiese la confirmación de niños que, por haber sido confirmados muy pequeños, no recordasen haber celebrado el sacramento y lo que eso implicaba.

Entre los siglos XIV-XVI la situación no es del todo homogénea. Aunque hay algunas pocas diócesis donde se celebran conjuntamente los tres sacramentos de iniciación, asistimos a una neta separación de los dos primeros sacramentos y una determinación de la edad para recibir la confirmación. El **bautismo** se administra *quam primum*, de modo que, a excepción de los conversos ya adultos, solo existe el bautismo de niños. La teología de Agustín determinó una praxis del "miedo a la condenación" y trajo consigo una sobrevaloración del bautismo como "medio de salvación individual". Era deber de los padres y del párroco atender esta necesidad con prontitud. Algunos concilios y sínodos provinciales impusieron sanciones a los negligentes. La **confirmación se retrasa** y aparece una catequesis para preparar a los niños. La edad de la confirmación se fija en los 7 años y, en Alemania, en los 12 (que Trento declara como la máxima edad posible).

En la Iglesia Latina se prolongó durante siglos una praxis pastoral para los niños conforme a este orden: **bautismo-primera comunión-confirmación**. Las sucesivas determinaciones sobre la edad del sujeto tampoco lo cambiaron. El decreto *Quam singulari* de san Pío X (1910) estableció como obligatorio **el uso de razón** para la recepción de la comunión eucarística. Y el CIC (1917) mantuvo los **siete años** como la edad para recibir la **confirmación**. El resultado de hecho –por más que no se buscó– fue la **anticipación de la primera comunión** al final de la infancia, con un criterio psicológico-cognitivo. Fue una **praxis criticada por los ortodoxos** en el diálogo ecuménico. La **Santa Sede no ha favorecido esta praxis**, ni por boca de los Romanos Pontífices (Benedicto IV, Bula *Eo quamvis tempore* del 4.III.1745; León XIII Carta *Abrogata* al obispo de Marsella, 22.VI.1897), ni por las disposiciones de la Sagrada Congregación de Sacramentos (30.VI.1932) que **defendió el orden tradicional** de los sacramentos (bautismo-confirmación-eucaristía). La edición y el estudio de las fuentes litúrgicas y patrísticas durante el s. XX lo corroboraban.

> En el s. XX, en las diócesis europeas (Francia y Alemania, entre otras) se sentía la necesidad de recuperar el catecumenado y revisar el proceso del "hacerse cristiano".

> En el ámbito anglicano y luterano hubo debates, que acabaron trasladándose a la teología católica. Gregory Dix (años 40) planteó dudas sobre la identidad de la confirmación y su relación con el bautismo. Karl Barth criticó el bautismo de agua realizado por la Iglesia, contraponiéndolo al bautismo del Espíritu, en una visión opinable sobre la relación entre el don de Dios y la acción de los hombres.

Los distintos **modelos de articulación de los sacramentos de iniciación** a lo largo de la historia pueden verse en este esquema (Oñatibia, pp. 227-229):

- Modelo A: **confirmación inmediatamente después del bautismo por el obispo**. Hasta que se extendió el bautismo de niños, fue el más practicado en Oriente y Occidente durante los primeros cuatro siglos. Niños y adultos eran iniciados con el orden ejemplar: bautismo-confirmación-eucaristía, celebrados por el mismo ministro, el obispo.

- Modelo B: **confirmación inmediatamente después del bautismo por el presbítero**. Es el modelo recuperado por el RICA, que se ha vivido en Oriente desde el s. IV hasta nuestros días, y en España del s. IV al VIII principalmente para niños de corta edad. Ha sido propuesto por algunos como la solución ideal (para niños de 5-7 años) que nos acercaría a nuestros hermanos orientales.

- Modelo C: **confirmación por el obispo cuanto antes, tras el bautismo por el presbítero**. En uso en la mayoría de las iglesias de Occidente hasta el año 1000. Implicaba o el traslado de los confirmandos a la catedral o la espera a la visita pastoral del obispo. Se respetaba el orden tradicional.

- Modelo D: **confirmación por el obispo, hacia los siete años, antes de la primera comunión**. Desde el s. XIII es una práctica frecuente en las iglesias de Occidente. Tan solo se diferencia del modelo anterior en la edad del sujeto.

- Modelo E: **confirmación después de la primera comunión**. Así sucedía en Occidente durante la Edad Media, donde se celebraba la eucaristía sin esperar a la confirmación. En algunos lugares se retrasó por motivos pastorales la edad para recibir la confirmación, pero no la comunión. El decreto de Pío X, *Quam singulari* (1910), dio como válido este modelo. Después de la comunión existe un año de catequesis específica para la confirmación.

- Modelo F: **confirmación por el obispo en la edad escolar antes de la primera comunión y una celebración sacramental al final de los estudios**. Fue una propuesta de los años 50 que tuvo cierto eco en el Concilio Vaticano II. Busca salvar la unidad y el orden tradicional e introduce una celebración donde los jóvenes expresen públicamente su compromiso personal de vida cristiana. De este modo –piensan algunos– se da un paso en el diálogo y acercamiento con las iglesias de la reforma protestante.

Como se ve, la práctica de la confirmación ha variado y es el sacramento bisagra en la estructuración del proceso de la iniciación. En el fondo hay **dos escuelas enfrentadas**: la que hace prevalecer la acción de Dios en el sacramento (liturgistas y teólogos dogmáticos) y la que defiende la necesaria idoneidad y preparación del sujeto que lo recibe (pastoralistas). La primera tiende a respetar la unidad bautismo-confirmación y a no diferir la segunda; la otra escuela da peso a las exigencias propias de la edad adulta (perfección en vistas de la fe vivida y de la misión) y la coloca al final de la infancia. Es un modo de hablar confuso, porque la madurez cristiana y la edad adulta no coinciden necesariamente con la edad natural (*Catecismo*, n. 1308). Llegamos entonces al Vaticano II:

> "Mediante los sacramentos de la iniciación cristiana, el Bautismo, la Confirmación y la Eucaristía, se ponen los *fundamentos* de toda vida cristiana. "La participación en la naturaleza divina, que los hombres reciben como don mediante la gracia de Cristo, tiene cierta analogía con el origen, el crecimiento y el sustento de la vida natural. En efecto, los fieles renacidos en el Bautismo se fortalecen con el sacramento de la Confirmación y, finalmente, son alimentados en la Eucaristía con el manjar de la vida eterna, y, así por medio de estos sacramentos de la iniciación cristiana, reciben cada vez con más abundancia los tesoros de la vida divina y avanzan hacia la perfección de la caridad" (Pablo VI, Const. apost. *Divinae consortium naturae*; cf. *Ritual de Iniciación Cristiana de Adultos*, Prenotandos 1-2) (CCE, n. 1212).

Éste es el **marco doctrinal de la fe verdadera** en el que situar la iniciación cristiana. Además de los documentos del Vaticano II y del *Catecismo de la Iglesia*

Católica contamos con la *lex orandi* (la ley de la oración) expresada en los libros litúrgicos reformados a la luz del último Concilio ecuménico. Aparte de cuanto ya se dijo (cfr. cap. 5), los libros reformados son el resultado de **recuperar y vivir la unidad de la iniciación con una orientación eucarística**, conforme al orden celebrativo heredado de la tradición patrística antes del s. V.

- El **RICA** recuperaba el catecumenado, tan necesario para la situación de muchas diócesis donde acuden personas adultas que no recibieron la fe ni de sus familias ni de su entorno social y/o parroquial. Constituye el libro de referencia para los otros dos rituales.

    El RICA evita hablar de *primera comunión*: es la primera participación eucarística de los neófitos, donde encuentran "la consumación de su iniciación cristiana" (n. 36). Da indicaciones celebrativas que consideramos en el siguiente apartado.

- El *Ritual del Bautismo de niños* lograba un rito verdaderamente adecuado para ellos. Hasta entonces se había celebrado con el ritual para los adultos sin adaptaciones.

    En los ritos conclusivos del bautismo de niños, el sacerdote introduce con estas palabras la oración dominical: "Este niño (…) un día recibirá por la Confirmación la plenitud del Espíritu Santo. Se acercará al altar del Señor, participará en la mesa de su sacrificio y lo invocará como Padre en medio de su Iglesia" (RBB, n. 159). A continuación, junto a los padres y padrinos recitan delante del altar el Padrenuestro "para prefigurar la futura participación en la Eucaristía" (RBB, n. 77).

- El *Ritual de la Confirmación* abandona su aislamiento respecto a los otros sacramentos, aunque pervivan cuestiones teológicas debatidas por liturgistas, teólogos y pastores (edad, preparación de los candidatos, el orden de celebración, las prioridades pastorales…).

    Entrando en detalle, vemos que celebrar la confirmación presupone la recepción del bautismo (RC, nn. 28-29) y se renueva la profesión de aquella fe bautismal (RC, nn. 26-27), pero no se hace referencia a una participación previa a la eucaristía. El rito ordinario debe celebrarse dentro de la Misa (RC, n. 13), recuperando de este modo la relación con la eucaristía que la mayor parte de los libros litúrgicos anteriores había perdido. El mismo ritual anima a la celebración conjunta (n. 11), pero introduce un párrafo ambiguo -y falto de lógica con el resto de afirmaciones- que da la posibilidad de celebrarla fuera de la Misa para quienes ya hubiesen recibido la primera comunión (n. 13). No obstante, las misas rituales previstas para la confirmación contienen unas oraciones sobre las ofrendas que siguen apuntando a la plenitud eucarística (RC, n. 40).

La cuestión del orden de los sacramentos es algo más que una cuestión de organización eclesial. Implica un **modo de entender la acción de Dios y la**

libertad del hombre, un concepto de salvación y de Iglesia, y una concepción de cómo actúan los sacramentos en la vida espiritual de las personas. Por todo esto se ha interesado la teología y, como veremos después, han emergido reflexiones maduras sobre el **ser cristiano**.

2. La Eucaristía culmina un proceso.
La primera celebración eucarística de los neófitos

Ante semejante variedad de modelos y de argumentos teológicos y situaciones pastorales, no cabe una solución simple. Nuestra opinión teológica toma pie del orden de los sacramentos testimoniado por la tradición de la Iglesia que, custodiada e interpretada por el Magisterio, responda razonadamente a través de la teología a los retos pastorales del presente. Desglosemos esta frase:

- La tradición de la Iglesia muestra un **orden válido antes del s. V, patrimonio común** de Oriente y Occidente. Precisamente en este periodo de la historia se ha querido mirar la iglesia del s. XX. A la luz de los estudios sobre las fuentes, el orden tradicional debería denominarse orden *ejemplar*.

- **El Magisterio se ha pronunciado repetidas veces y de modo solemne** en un Concilio ecuménico, ratificado por el magisterio de los Romanos Pontífices y por un *Catecismo* universal (1997). Hay **una defensa unánime de un orden y una unidad, cuya plenitud es eucarística**. Esta *mens* de la Iglesia debe traducirse en una justificación teológica, en una pastoral oportuna y en una visibilización celebrativa. Este manual ha querido justificar teológicamente una propuesta, e iluminar su celebración litúrgica. Hay tareas pendientes.

  > En el pensamiento de Santo Tomás el bautismo mira a la eucaristía (S.Th. III, q. 79, 1) y a ella se ordena (S.Th. III, q. 65, 3).

- **Nuestra propuesta para el orden de los sacramentos de iniciación** para los **adultos** consiste en una celebración conjunta, según el orden tradicional-ejemplar, con presencia del obispo (o de sus vicarios), preferiblemente en la Vigilia de Pascua, Pentecostés o en la Vigilia de Navidad. Dentro de las mismas festividades del Año litúrgico, para los **niños ya bautizados** se debería celebrar conjuntamente la confirmación y la eucaristía con presencia del obispo, a la edad del discernimiento. Para los **niños sin bautizar**, una celebración conjunta del bautismo y confirmación, con una posterior catequesis no excesivamente larga para la primera comunión, de tipo mistagógico según el modelo de las famosas Catequesis mistagógicas de los

Padres (cfr. cap. 3), a partir del uso de razón, y a discreción de las Conferencias episcopales. Una catequesis debería estar articulada en dos momentos: primero como catequesis bautismal y de preparación a la primera comunión y, a continuación de modo paulatino, como aprendizaje del vivir como cristianos e hijos de la Iglesia.

La **perspectiva** que hemos asumido desde el comienzo en este manual de teología es **bíblica** y, sobre todo, **litúrgica**.

Para **san Juan Crisóstomo** (*In Exodum*, 27) toda la iniciación cristiana es una imitación sacramental del éxodo de Egipto por parte del pueblo elegido: después de experimentar las aguas primordiales, del diluvio, del Mar Rojo y de la nube, los judíos fueron alimentados por el maná. Así **los cristianos llegan al alimento eucarístico después de la experiencia del agua** (bautismo) **y del crisma** (confirmación). El bautizado, como el pueblo elegido, desea los bienes de la tierra prometida, de la que el maná es un signo y preludio.

> San Pablo autoriza previamente esta interpretación en 1 Co 10, 1-6.

> En el *Catecismo* leemos: "La primera comunión eucarística. Hecho hijo de Dios, revestido de la túnica nupcial, el neófito es admitido "al festín de las bodas del Cordero" y recibe el alimento de la vida nueva, el Cuerpo y la Sangre de Cristo. Las Iglesias orientales conservan una conciencia viva de la unidad de la iniciación cristiana, por lo que dan la sagrada comunión a todos los nuevos bautizados y confirmados, incluso a los niños pequeños, recordando las palabras del Señor: "Dejad que los niños vengan a mí, no se lo impidáis" (Mc 10,14). La Iglesia latina, que reserva el acceso a la Sagrada Comunión a los que han alcanzado el uso de razón, expresa cómo el Bautismo introduce a la Eucaristía acercando al altar al niño recién bautizado para la oración del Padre Nuestro" (n. 1244).

Veamos cómo prosigue la celebración de la Vigilia Pascual en el punto en el que la habíamos dejado (cap. 5). La oración universal deja paso a la **Liturgia Eucarística**. En ella son los mismos neófitos quienes llevan al altar el pan y el vino, en la procesión de las ofrendas (MR, n.60); una procesión del todo singular, porque son ellos, iluminados y dispuestos para recibir el Pan de vida, los encargados de acercar al altar –"ara dedicada para siempre al sacrificio de Cristo y (…) mesa del Señor", como dice el Ritual de su dedicación (n. 93)– los dones que simbolizan la entrega del culto espiritual de todos sus hermanos en la fe. Es una procesión insólita de quienes han sido del todo regenerados, los radicalmente inocentes que se acercan al altar, signo de Cristo el Inocente (Hb 7,26). Junto con quienes les han acompañado en su camino catecumenal recibirán la comunión eucarística, "culmen de la iniciación y centro de toda la vida cristiana" (MR, n. 64), bajo las dos especies.

El Misal Romano, n. 65 permite que comulguen bajo las dos especies tanto los padrinos, como los padres y cónyuges católicos y sus catequistas. Si el obispo diocesano lo autoriza, se anima a que todos los presentes puedan recibirla también bajo las dos especies.

Con su lenguaje simbólico la liturgia muestra la realidad profunda de la celebración de la Eucaristía, como **celebración de la pascua del Señor** con el nuevo pueblo de Dios. La Eucaristía nos hace descubrir y vivir el ligamen con los demás bautizados. Por eso la **invocación al Espíritu Santo** –llamada *epíclesis* de comunión– en las plegarias eucarísticas testimonia una **misma petición**: hacer de la asamblea que celebra un cuerpo eclesial cuya cabeza es Cristo.

"Te pedimos humildemente que el Espíritu Santo congregue en la unidad a cuantos participamos del Cuerpo y la Sangre de Cristo" (P.E. II).

"Te pedimos humildemente, Padre Santo, que nos aceptes también a nosotros, juntamente con tu Hijo (…)" (P.E. Reconciliación II).

El *Catecismo* insiste: "La unidad del Cuerpo místico: La Eucaristía hace la Iglesia. Los que reciben la Eucaristía se unen más estrechamente a Cristo. Por ello mismo, Cristo une a todos los fieles en un solo cuerpo: la Iglesia. La comunión renueva, fortifica, profundiza esta incorporación a la Iglesia realizada ya por el Bautismo. En el Bautismo fuimos llamados a no formar más que un solo cuerpo (cf 1 Co 12,13). La Eucaristía realiza esta llamada: "El cáliz de bendición que bendecimos ¿no es acaso comunión con la sangre de Cristo? y el pan que partimos ¿no es comunión con el Cuerpo de Cristo? Porque aun siendo muchos, un solo pan y un solo cuerpo somos, pues todos participamos de un solo pan" (1 Co 10,16-17)" (n. 1396).

En el siguiente apartado procuramos exponer cómo la fe celebrada en la liturgia apunta a un modelo del cristiano adulto con una espiritualidad bautismal y eucarística.

3. Apuntes para una espiritualidad bautismal y eucarística

Al hablar sobre los laicos, Juan Pablo II afirmaba: "La **vocación a la santidad hunde sus raíces en el Bautismo** y se pone de nuevo ante nuestros ojos en los demás sacramentos, principalmente en la **Eucaristía**. Revestidos de Jesucristo y saciados por su Espíritu, los cristianos son "santos", y por eso quedan capacitados y comprometidos a manifestar la santidad de su ser en la santidad de todo su obrar. El apóstol Pablo no se cansa de amonestar a todos los cristianos para que vivan 'como conviene a los santos' (Ef 5, 3)" (Exh. apost. *Christifideles laici*, 30.XII.1988, n. 16).

Éste es el horizonte donde se vive la existencia cristiana. Conscientes de los dones recibidos y sostenidos por ellos, los cristianos testimonian su fe entre sus iguales. Pero esta conciencia no parece patrimonio asumido, porque para muchos los sacramentos son momentos sagrados puntuales y desconectados del resto de su vida. **La primera tarea pastoral y en la enseñanza de la religión es una adecuada explicación de la mística de los sacramentos.** En su celebración y a través de ellos recibimos la gracia, es decir, el don del Espíritu Santo (*Catecismo*, n. 2003) que santifica al hombre y lo va configurando con Cristo, su modelo. El Bautismo es sacramento raíz, puerta de los sacramentos, que nos pone en contacto con la pascua de Cristo y, por tanto, con una vida nueva, sellada de inmortalidad y llamada a vivificar todos los aspectos de la propia existencia. La confirmación implica recibir, como los primeros discípulos, un don pentecostal que perfecciona la gracia del bautismo y nos prepara para la misión de anunciar públicamente nuestra fe en toda circunstancia, con nuestras palabras y obras. Cada aniversario de estos eventos salvíficos irrepetibles debería ser vivido como fiestas de la fe.

> En el rito ambrosiano -propio de la diócesis de Milán- se vivía antiguamente la costumbre de la "Pascua anotina", el aniversario del nacimiento a la vida nueva en Cristo (*anotina* procede del griego *anothen*, nacer de nuevo o de lo alto, tal como Jesús reveló a Nicodemo, cfr. Jn 3,3). Actualmente se revive la memoria del don bautismal cada día en las Vísperas.

La **mística de los sacramentos** es un concepto que quiere subrayar que en su celebración se tiene una experiencia cognoscitiva, afectiva, ritual y transformante del misterio de Cristo. Aquí "místico" destaca **la gratuidad y la pasividad-intimidad** ante el don. El *Catecismo* afirma: "El progreso espiritual tiende a la unión cada vez más íntima con Cristo. Esta unión se llama "mística", porque participa del misterio de Cristo mediante los sacramentos –"los santos misterios"– y, en Él, del misterio de la Santísima Trinidad. Dios nos llama a todos a esta unión íntima con Él, aunque las gracias especiales o los signos extraordinarios de esta vida mística sean concedidos solamente a algunos para manifestar así el don gratuito hecho a todos" (n. 2014).

La **segunda tarea** para una espiritualidad bautismal-eucarística es **redescubrir el papel esencial del Espíritu Santo en la dinámica de la vida en Cristo y en su Iglesia**. El trato asiduo y la escucha de las mociones interiores del Espíritu son camino seguro para vivir la filiación divina; así lo enseñaba san Pablo (Rm 8, 1ss). Haber separado la confirmación del bautismo la ha convertido en un sacramento independiente, el del testimonio y de la fuerza. La excesiva acentuación pastoral en el compromiso, su presentación en términos militares de lucha y la catequesis deficiente y muchas veces minoritaria no son ni la solución, ni toda la verdad de este sacramento. Hemos podido subrayar excesivamente el papel de la libertad humana y dar entrada a una espiritualidad que encierra un cripto-pelagianismo. Los niños desde pequeños son especialmente sensibles al mundo sobrenatural y a la oración sencilla; el don del Espíritu viene en su ayuda.

La liturgia de la Iglesia es la **acción sagrada por excelencia** y su eficacia no es igualada por ninguna otra (SC, n. 10). Esta convicción es patrimonio común de los santos Padres de la Iglesia y los padres del Vaticano II cuando quisieron reavivar la dimensión misionera de la Iglesia en el s. XX. Al mismo tiempo, la liturgia no es la única actividad eclesial, porque va **acompañada del anuncio del *Kerigma*** en las circunstancias actuales y para el hombre de cada época, y del servicio de la caridad (SC, n. 9). Por tanto, no todo se arregla con los sacramentos ni tampoco sin ellos; no toda la vida de una parroquia se reduce a la administración de sacramentos, pero tampoco debería desatenderse esta misión. Estas consideraciones ayudan a plantear la **tercera tarea** de una **espiritualidad que vive de los sacramentos frecuentes** (eucaristía y penitencia), **en la memoria de los aniversarios personales** (bautismo, confirmación, primera comunión, matrimonio u ordenación), **abierta a la espiritualidad del Año litúrgico y de las demás celebraciones sacramentales**. Esta celebración continua de los misterios que nos dieron nueva vida (Prefacio I de Cuaresma) son ocasión para el don del Espíritu que nos transforma en miembros de Cristo y en cuerpo eclesial.

La espiritualidad eucarística asume **el papel central de la misa dominical**, que **se puede expandir** a las celebraciones eucarísticas diarias, a la Liturgia de las Horas y a la adoración eucarística en el lugar de la reserva. El culto de los cristianos es en Espíritu y en Verdad (Jn 4, 23) y no conoce lugares exclusivos. Su fundamento está en los sacramentos recibidos y su dinámica, en el ofrecimiento de la propia vida (alegrías, proyectos, trabajos, dificultades, relaciones personales…) en el altar del corazón y en el altar eucarístico. La vida después de la celebración se caracterizará por la alabanza, la acción de gracias y la evangelización de todos los ambientes. Una vida de vigilante espera del próximo encuentro celebrativo con Cristo y los hermanos…hasta su venida gloriosa al final de los tiempos.

Ejercicio 1. Vocabulario

Identifica el significado de las siguientes palabras y expresiones usadas:

- mística de los sacramentos.
- liturgia de las Horas.
- Año litúrgico.
- pascua anotina.

Ejercicio 2. Guía de estudio

Contesta a las siguientes preguntas:

1. Tradición oriental y occidental sobre el orden en la celebración de los sacramentos de iniciación, según el *Catecismo*.

2. Diversos modelos sobre el orden de administración de los sacramentos de iniciación.

3. Aspectos de teología litúrgica que pueden extraerse de la primera celebración eucarística de los neófitos.

4. ¿Cómo caracterizar una espiritualidad bautismal-eucarística?

Ejercicio 3. Comentario de texto

Juan Damasceno (676-749 d. C.).

"[La Eucaristía] lleva el nombre de comunión y verdaderamente lo es, porque a través de ella nos comunicamos y nos unimos los unos con los otros (…), convirtiéndonos en miembros los unos de los otros, puesto que somos concorpóreos con Cristo" (*De fide orthodoxa*, 4,13).

BIBLIOGRAFÍA FUNDAMENTAL

Manuales

- M. AUGÉ, *L'iniziazione cristiana: battesimo e confermazione*, LAS, Roma 2004.

- D. BOROBIO, *Catecumenado e iniciación cristiana*, Centre de Pastoral Litúrgica, Barcelona 2007.

- P. BUA, *Battesimo e confermazione*, Queriniana, Brescia, 2016.

- M. FLORIO – C. ROCCHETTA, *Sacramentaria speciale. Battesimo, confermazione, eucaristia*, Edizioni Dehoniane Bologna, Bologna 2004.

- Ph. GOYRET, *L'unzione nello Spirito. Il Battesimo e la Cresima*, LEV, Città del Vaticano 2004.

- Ig. OÑATIBIA, *Bautismo y confirmación. Sacramentos de iniciación*, BAC, Madrid 2000.

- J. RICO PAVÉS, *Los sacramentos de la iniciación cristiana. Introducción teológica a los Sacramentos del Bautismo, Confirmación y Eucaristía*, Instituto Teológico San Ildefonso, Toledo 2006.

- M. SCHMAUS, *Teología Dogmática. Los sacramentos*, vol. 6, Rialp, Madrid 1963.

- G. ZACCHARIA, *Aspetti pneumatologici della celebrazione della confermazione*, EDUSC, Roma 2013.

Fuentes históricas, patrísticas, magisteriales y otros documentos

- CATECISMO DE LA IGLESIA, nn. 1212-1419.

- CÓDIGO DE DERECHO CANÓNICO (25.I.1983), can. 834-896.

- COMISIÓN TEOLÓGICA INTERNACIONAL, Instr. *Pastoralis actio, sobre el bautismo de niños* (20.X.1980).

- COMISIÓN TEOLÓGICA INTERNACIONAL, Instr. *La reciprocidad entre fe y sacramentos en la economía sacramental* (2020).

- J. DANIELOU, *Culto y Sacramento según los Padres*, Los libros del Monograma, Madrid 1962.

- H. R. DROBNER, *Manual de Patrología*, Herder, Barcelona 1999.

- C. ELORRIAGA (ed.), *Bautismo y catecumenado en la tradición patrística y litúrgica. Una selección de textos*, Grafite Ediciones, Baracaldo 1998.

- D. VAN HAVRE, *El poder del bautismo cristiano*, Rialp, Madrid 2022.

- NEUNHEUSER, *Historia de los dogmas. Bautismo y Confirmación*, BAC, Madrid 1974.

- A. PÉREZ VERDUGO, *Rudimenta fidei. La celebración litúrgica del inicio de la fe*, LEV, Città del Vaticano 2013.

- RITUAL DEL BAUTISMO DE NIÑOS (15.V.1969).

- RITUAL DE LA CONFIRMACIÓN (22.VIII.1971).

- RITUAL DE LA INICIACIÓN CRISTIANA DE ADULTOS (6.I.1972).

- VATICANO II, Decreto sobre la actividad misionera de la Iglesia *Ad gentes* (7.XII.1965).

- Constitución dogmática sobre la revelación divina *Dei verbum* (18.XI.1965).

- Constitución pastoral sobre la Iglesia y el mundo moderno *Gaudium et spes* (7.XII.1965).

- Constitución sobre la Iglesia *Lumen gentium* (21.XI.1964).

- Constitución sobre la Sagrada Liturgia *Sacrosanctum concilium* (4.XII.1963).

ÍNDICE

**LA INICIACIÓN CRISTIANA EN LA HISTORIA:
CELEBRACIÓN Y COMPRENSIÓN TEOLÓGICA**

MANUALES DEL INSTITUTO SUPERIOR DE CIENCIAS RELIGIOSAS